JN410105

지금 내가 가는 길

장용식 수필집

교음사

| 책머리에 |

세월은 참으로 변함이 없나 보다. 지난 겨울처럼 추웠던 겨울은 몇 해가 되지 않은 것 같다. 하지만 강추위는 물러가고 따스한 봄이 찾아왔다. 매화꽃은 절정을 이루고 향기는 봄바람을 타고 와 마음을 적셔준다. 봄처럼 아름다운 계절이 또 있을까. 이제 글쓰기도 무척 좋은 계절이 아닌가.

이번에 세 번째 수필집을 출간한다. 오랫동안 수정하고 어떤 날은 밤을 새우기도 했다. 인생은 참으로 모를 일이다. 나는 아버지 소원대로 고향에서 농사와 소를 기르며 평생을 살아갈 줄 알았는데 이렇게 시력을 잃어버리고 수필 작가로 등단할 줄이야. 그러기에 인생에 앞날은 아무도 모른다고 했나 보다. 아직은 모든 게 미약하지만 조금씩 조금씩 발전해 나가지 않을까.

이번 『지금 내가 가는 길』은 비록 장애를 가지고 살아가지만, 남들이 보기에는 무척이나 불편하게 보일지라도 나는 글 쓰는데 아무런 불편함이 없다. 앞으로 더욱더 노력하여 더 좋은 글로 보답하려고 한다. 지금은 많이 부족하지만 앞으로 좀 더 지켜봐 주시기를 바랍니다.

이 책이 출간될 수 있도록 '경남문화예술진흥원 문예진흥기금'에 애써주신 이민호 선생님, 좋은 책을 만들어 주신 교음사 강병욱 대표님께 감사드린다.

2023. 8. 장용식

장용식 수필집

‣ 차 례

‣ 책머리에

1. 아름다운 사람

2. 상사화

3. 가을의 삶

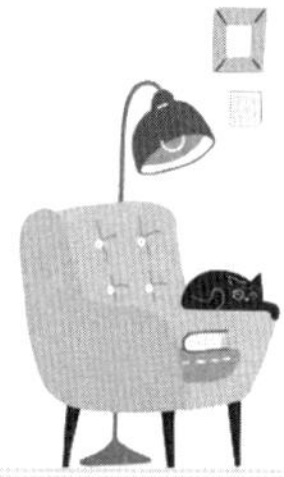

1

아름다운 사람

마음만은 청춘
문학의 향기
아름다운 사람
인생 40년
돈으로 살 수 없는 행복
위대한 백수
잃어버린 꿈
웃는 날들이
내 모습
자랑스러운 대한민국
장애인은

마음만은 청춘

아직도 초등학교 다니던 시절이 생각이 난다. 그리고 재건 중학교를 선배 형님들과 함께 공부하던 시절이 어제만 같은데 이제 머리에는 하얀 서리가 내리고, 곱던 얼굴에는 크고 작은 주름살이 나도 모르는 사이에 언제 이렇게 되어버렸을까. 우리의 인생도 한 해 두 해가 이처럼 빠르게 흘러갈 수가 있을까. 예전에 어른들이 세월처럼 빠른 게 없다더니 나 역시 지금에 와서 그러한 말을 자주 하게 될 줄이야.

소년 시절 시골에 살면서 펜팔을 하고 방송국에 엽서를 보내고 4-H 활동을 하면서 참으로 재미있게도 보냈었는데 그 젊은 청춘은 나도 모르게 온데간데없이 어디로 흘러가 버렸을까. 이 세월아! 내 젊은 청춘을 어디쯤에다 데려다 놓았니. 다시 데려다 줄 수는 없는 거니. 지금 나는 이렇게 많은 세월 속에서 변해도 너무나 변해 버렸는데도 내 마음만은 아직도 소년 시절인데 인생을 살다 보니 허전하고 허무하기도 하고 그렇다고 해서 내 인생을 채찍을 하는 것도 절대로 아니다.

어느 누구에게도 내 인생은 열심히 살아왔다고 자부한다. 거기에서 돈을 많이 못 버느냐가 아니라 그저 열심히 살았을 뿐이다. 왜 이럴까 나처럼 다른 사람들도 내 마음처럼 이러할까. 언제나 마음은 청춘인데 육체적으로는 어느 곳 하나 성한 곳이 없이 삐거덕거린다. 물리치료를 받고 침을 맞고 파스를 붙이기도 하고 그러면서도 문득문득 옛날 소년 시절이 박차고 오른다. 옛 노인들이 마음은 청춘이라더니 지금 와서 내가 그렇다. 역시 생각해보면 어느 누가 그러한 말을 했듯이 나이는 거짓이 없고 못 속인다고 어찌도 그 말이 맞을까.

지난 세월은 나 자신도 모르게 한 해, 두 해 세월 따라 함께 어디론가 가버렸으니 알고 보면 저 세월은 내 청춘을 앗아가 버린 도적이라고나 할까. 어찌하든 내 마음은 그러하다. 세월처럼 변하는 게 없다지만 생각해 보면 그 말이 맞긴 맞는 것 같기도 하다. 지금까지 지나간 세월이 지금도 봄이 오면 여름, 여름이 가면 가을, 가을이 가면 겨울이 모든 사계절은 변함없이 오고 가고 하지만 달라진 것은 우리의 인생뿐인 것 같다.

오늘도 '마음만은 청춘'이다.

문학의 향기

문학의 향기, 생각만 해도 자연에 대한 글들이 영화 속 장면처럼 스친다. 지금 같은 겨울에는 겨울대로 운치가 있다. 오늘처럼 대설주의보가 내릴 때는 차들도 거북이걸음을 할 것이고 출근하는 사람들은 온몸을 에워싸고 행여 미끄러워 넘어질세라 종종걸음을 할 것이다. 우리가 날마다 뜨거운 햇살 아래 살아간다면 그 얼마나 고통스러울까. 자고 나도 같은 일이 반복된다면 정말 지겨울 것이다.

뜨거운 햇살 아래 뭔가 생각할 겨를도 없이 글 쓰는 사람도 글을 쓸 생각조차 나질 않을 것이다. 하지만 우리 대한민국은 큰 축복을 받은 나라가 틀림이 없다. 이웃 나라 중국만 보아도 비가 한 번 내리면 생각조차 할 수 없을 정도로 내리고 기후도 남쪽으로는 너무나 습하고 덥고 북쪽으로는 너무나 춥고, 일본은 언제 어디서 화산 폭발이나 지진이 일어날지 모르니 언제나 불안 속에서 살아간다.

하지만 우리는 이웃 나라에 비하면 축복받은 나라가 틀림없다. 그러하니 우리 국민은 이 나라 자연을 후손 대대로 물려줘야 하지 않을까 싶다. 아니 그리해야 한다. 지금 날씨에 한파주의보가 내리고 거북이 운행을 하고 사람들은 종종걸음을 걷고 겨울 날씨치고 그 얼마나 운치가 있는 날인가. 겨울 날씨라 어떠한 향기도 맡을 수는 없지만, 겨울철에 자연을 느낄 수가 있지 않는가. 지금은 매서운 한파가 몰아치지만 약 3개월이 지나고 나면 이 추운 겨울을 잊기라도 하듯이 따스한 봄 날씨에 매화꽃 향기가 우리의 코를 적시며 봄꽃들이 피어나기 시작할 것이다.

어젯밤 우리 김해문인협회 출판기념회 및 2022년도 총회를 개

최했다. 그런데 사무국장님께서 총회를 시작하겠다고 말이 끝나자 조용히 하모니카 소리가 울려 퍼졌다. 나도 모르는 음악 노래였지만 참으로 아늑하고 조용한 노래가 한참을 울려 퍼졌다. 그 하모니카 소리를 잠시 들으니 그 소년 시절이 생각이 떠올랐다. 여름밤이면 마을 뒷동산 잔등에 올라 밤마다 하모니카를 불던 시절이 총회는 1시간 50분쯤에 끝이 났지만 내가 그 자리에서 느끼는 것은 모두가 문학인이라는 점에서 문학인의 향기가 내 마음속을 스쳤다. 문학인의 모임이라는 내 마음을 사로잡아 흐뭇했다.

아름다운 사람

우리의 경제가 어려워 젊은 청년들이 직장을 찾지 못해 많은 어려움이 있다. 거기다 코로나로 인하여 많은 소상공인이 도산을 해버렸다. 하지만 만족스러운 금액은 아니지만 정부에서 지원해 주었다. 기업체나 소상공인이나 사람이나 신뢰를 쌓아 올리기란 무척이나 힘이 든다. 그렇게 쌓아 올린 신용을 잃기란 한순간이다.

잃어버린 신용은 다시 쌓아 올리기란 처음보다 몇 배로 노력을 해야 한다. 하지만 그 어려움 속에서도 참으로 '아름다운 사람'들이 있다. 많은 것을 가지지 않았지만, 꾸준히 나눔을 하는 사람들이 많다. 그런 사람들을 볼 때면 내 가슴도 찡해온다. 그리고 나도 모르게 눈시울을 적신다. 그 사람들은 아주 돈이 많아서가 아니라 자신들도 아주 힘들게 땀을 흘리며 노력한 대가를 조금씩 모아 이웃 사랑 나누기를 하는 것이다. 그 돈이 진정한 가치 있는 돈이 아닐까 생각을 해본다. 이웃을 돕는다는 것이 마음과 실천이 그리 쉽지는 않다.

올 22년 3월에 한 번, 5월에 두 번, 기부를 한 사람과 젊은 청년, 초등학생, 또 119 소방대원 이 세 사람은 모두가 뇌사상태에서 부모들이 장기 기증을 했다. 한 사람으로 인하여 몇 사람을 살렸다. 그러니 이 세 사람이 몇 사람을 살려냈겠는가. 우리는 그냥 하는 말로 언제 숨이 멎을지 모르는데 그렇게 하는 것이 당연하다는 듯이 말을 하는 이도 있다.

만약 자신의 아내나, 남편이나, 자식이 그러하다면 쉽게 응할까. 천만의 말씀이다. 절대로 그러하지 않을 것이다. 남들이 하는 것은 당연하게 생각하고 자신들 가족은 절대로 안 된다는 것이다. 마음과 실천은 솔직히 말해서 하늘과 땅 차이다. 나도 부산 백병원에 사후에 몸을 기증 서약을 했다.

어릴 때 '어느 누가 내게 한쪽 눈이라도 기증해 주면 안 될까' 라고 늘 생각을 했었다. 하지만 눈을 검사를 해보니 내 눈에 신경이 말라 급성 근시로 판명이 나왔을 때 너무나도 허탈했다. 시신경이 말라 들어가기에 다른 사람의 기증을 받을 수가 없다. 그래서 나는 쉽게 기증을 했는지도 모른다.

그리고 건강보험 공단에 가서 연명하지 않는다고 서약을 하고 기증과 연명 치료 카드를 항상 지갑 속에 담고 다닌다. 우리는 연말이면 선행하는 사람들을 많이 볼 수가 있다. 그것이야말로 진정한 아름다움이 아닐까, 생각을 해본다.

인생 40년

세월은 우리 세상에 있어 세월 도둑이다. 어디서 왔다가 어디로 가버리는지 자고 나면 어제는 온데간데없고 새로운 날만이 내 앞에 와 있다. 세월은 도둑이다. 단 한마디 말도 없이 내 젊은 청춘을 훔쳐 가 버렸다. 그러니 도둑놈이 아니고서야 그럴 리가 있겠나. 이제 내게는 살아온 날보다 남은 날이 며칠, 몇 달, 몇 년이나 남아 있을까. 이제부터 먹고 싶은 것 다 먹고, 가고 싶은 곳 다니면서 꼭 만나보고 싶은 사람 만나면서 살아 보련다.

우리의 인생을 오늘날에는 백 세, 백 세 노래를 하지만 알고 보면 많이 살아 봐야 80년이다. 백 세를 가장했을 때이다. 생각해 보라 자고 싶은 잠 다 자고 앞으로 어떻게 살아야 할지 근심 걱정을 하고 우리가 막 태어나서는 먹고 자고, 먹고 자고 이러한 모든 시간을 빼고 나면 하루 24시간이 우리가 눈 뜨고 생활하는 날은 약 40년 정도밖에 되지 않는다. 모두가 이런 생각은 해보지 않고 그저 자신의 건강을 지키며 백 세라는 숫자만 생각하며 살아간다.

하지만 만약 이 글을 읽고 나면 무척이나 허무함과 자신이 살아온 것에 대해 배신감이 들 것이다. 이 시간을 훔쳐 가버린 세월에 도둑놈을 잡을 수도 없고 이제는 주어진 삶 속에서 세월을 원망하지 않고 열심히 글을 쓰면 남은 내 인생을 생각하면서 더 좋은 글이 나올 때까지 노력해 보련다.

이제 와서 내 인생을 후회하며 원망해 본들 뭘 어쩌랴. 나도 인생 40년 강의를 들으면서 깜짝 놀랐다. 앞으로 내 할 일이 얼마나 많은데 나는 전혀 생각해 보지도 않은 말을 듣고 나니 괜스레 뒤통수를 세월에게 얻어맞은 기분이 들었다.

그날 밤 잠자리에 들어 생각을 해보니 정말 그 말이 맞았다. 잠잘 것 다 자고 무슨 일이라도 있으면 근심 걱정 속에서 살아왔고 사업에 실패했다고 몇 달을 근심 걱정 속에서 살았는가. 그러한 날들은 허공 속에 날려 보내 놓고서는 그저 세월 탓만 했으니 나 자신이 무척이나 부끄러웠다. 그렇게 살아왔으면서 세월 탓만 했으니 우리가 하루에 주어진 삶은 참으로 귀하게 보람 있게 보내야 할 것이다.

지금 이 시간도 세월에 도둑은 조금씩 조금씩 훔쳐 가고 있다. 보이지 않는다고 하루하루를 허공 속에 날려 보낼 것이 아니라 보이지 않는다 해도 분명히 할 일은 있다. '인생 40년' 그 말을 생각하면서 좋은 글이 나올 때까지 또 쓰고 또 쓰고 열심히 써 보련다.

돈으로 살 수 없는 행복

행복은 참으로 많다. 그 많은 것 중에도 돈으로 살 수 있는 것은 어느 것 단 하나도 없다. 돈 많다고 행복한 것도 아니다. 돈 많은 사람치고 오래 사는 것 보았는가. 그 사람들이 돈이 없어서 빨리 죽었을까. 좋은 약은 모두 써보았을 것이다. 그렇게 돈은 많지만, 병실에 누워서 단 한 번이라도 이렇게 아파도 '난 돈이 많이 있어서 그래도 행복한 사람이야'라고 생각했을까. 천만의 말씀이다.

병실에 누워 몇 년을 병원 신세를 지면서 단 한 번도 행복하다고 웃는 날은 없었을 것이다. 아무리 돈이 많다고 절대로 살 수가 없는 것이 행복이다. 아무리 돈이 없어도 그 가정은 저녁이면 밥상에 빙 둘러앉아 서로가 그날 이야기를 주고받으면서 큰 소리를 내면서 모두가 웃는다. 그보다 더한 행복이 어디 있을까. 인생을 살면서 뭐니 뭐니 해도 돈보다 더 명예보다 더 행복이 최고다. 그것은 바로 가정이 돈은 없지만, 화목하게 지낸다는 것이다.

그 가정은 바로 부모님과 자식들을 교양과 예절을 가르친 것이다. 우리가 지금 현실 속에서 자기 집이 돈 좀 있다고 멋진 스포츠카에 멋진 옷에 이러한 사람들이 먼저 고개 숙여 인사하고 교양있게 말을 하는 걸 보았는가.

옛이야기가 있다. 뒷집에는 기와집에 대궐같이 지어놓고 어마어마하게 부자로 그래서 남종이나 여종도 많이 데리고 살았지만, 그 집에는 자식이 단 한 명도 없었다. 밤이 되면 두 부부는 적막강산이다. 하지만 그 앞집은 오막살이에 자식들이 많아 끼니도 제대로 먹지 못하고 살지만, 그래도 밤이면 밤마다 웃음소리가 끊이질 않아 뒷집 부잣집은 그 집을 무척 부러워했단다.

그래서 어느 날 앞집을 찾아가 자녀들이 많으니 어린아이를 하나 데려다 기를 수 있게 해달라고 했다. 돈은 얼마든지 줄 테니 달라고 하여 어린아이를 한 명 데려왔지만 아이는 하루 종일 칭얼대기만 하고 웃지를 않아, 다시 데려다줬다고 했다.

그러니 돈으로 살 수 없는 것은 행복이다. 아무리 돈이 많아 봐야 뭐 할까. 웃음을 잃지 않는 행복이 아닐까.

위대한 백수

이 말이 요즘에 와서 딱 맞는 말인 것 같다. 예부터 흔히들 하는 말이 있다. 요즘 공무원 시험이나 좋다 하는 회사를 들어가기란 하늘의 별 따기 아니면 낙타가 바늘구멍 통과하는 것보다 더 힘들다고 지금 왠지 그런 말이 맞는지 요즘 백수로 생활하는 젊은 사람이 너무나도 넘친다. 직장 생활도 조금 지저분한 일은 하지 않으려고 하고 월급 많고 깨끗한 일자리만을 찾는다.

내가 시력을 완전히 잃기 전에 젊은 사람들이 우리가 일하는 건설 현장에 일용직 일을 하러 왔다. 대개 젊은이에게 어떤 직장을 구하느냐고 물으면 한결같이 좋은 직장을 말한다. 그런 직장을 구하기가 쉽지는 않다고 말하며 도색 일을 한번 배워보라고 권해 보지만, 옷이 빨리 지저분해져서 싫다고 한다.

이 일을 배우면 업자로 일을 하지 않아도 하루 일당이 괜찮은데 말하면 돈이 욕심이 나서인지 얼마 정도 배우면 되느냐고 묻는다. 자신이 얼마만큼 눈썰미 있게 하느냐에 따라서 달려 있으며 일 욕심이 있는 사람은 일 년 정도면 기술자가 될 수 있다고 하면 선뜻 대답하지 않는다.

요즘은 젊은 사람들이 도색 일을 배우려 하지 않는다. 예전과 달리 오전 8시부터 시작해 오후 5시면 하루 일을 마친다. 대부분 로프 타는 사람은 하루 일당이 25만 원이다. 또한, 고층을 타면 탈수록 일당이 더 올라간다. 돈은 욕심나고 꼴은 지저분하고 그러니 젊은 사람들이 훅 하고 달려들지 않는다.

옛말에 직업에는 귀천이 없다고 했다. 개처럼 일해 돈을 쓸 때는 정승처럼 쓰라고 말하지만 요즘 젊은이들이 그렇게 돈을 쓰는 이가 어디 있을까. 내일은 내일이고 지금 이 시간이 중요하다는 것이다. 그렇게 생각을 하고 있으니 힘든 일을 하지 않는다. 솔직히 말해서 요즘 백수들이 넘쳐흐른다.

또한, 나라에서도 어떻게 할 도리가 없다. 자신의 앞날은 어느 누가 가르쳐 주는 것이 아니라 자신이 스스로 개척해 나가야 한다. 그럼에도 불구하고 부모님께 손을 내밀면서도 아주 위대한 백수가 되어가고 있다. 요즘 젊은이들은 실업자 소리를 매우 싫어한다. 놀아도 폼 나게 놀고 싶단다. 더 이상 무슨 말이 필요할까.

잃어버린 꿈

누구나 꿈은 있었을 것이다. 하지만 인생을 살면서 그 꿈대로 살아가는 사람이 몇이나 될까. 하지만 이 땅의 남자는 군 복무를 마치고 산업 전선에 뛰어들어 주야로 특근으로 잔업으로 돈에 얽매여 살아가다 결혼해 가정을 이룬다. 그러다 보면 자식이 태어나고 그 자식이 자라 초등학교를 들어가고 부모들은 어찌하든 최고의 학원을 보내려고, 자녀를 위해서라면 어떠한 고된 일도 마다하지 않고 일을 한다.

그렇게 대학교까지 가르치고 나면 남자아이들은 나라의 부름을 받고 군대를 가고 군 복무를 마치고 나면 직장을 다니려고 열심히 노력한다. 그러다 보면 어느덧 결혼을 한다. 그렇게 부모들은 어떠한 잡생각 할 겨를도 없이 살다 보면 집안에 남은 사람은 부부 단둘뿐이다. 그제야 자신이 걸어온 발자취를 뒤돌아보면 젊은 시절에 자신이 꿈꾸었던 꿈과는 정반대로 살아왔다는 걸 깨닫는다.

하지만 어쩌랴, 그 꿈과는 너무나도 멀리 와 버렸고, 자신의 인생을 다시 되돌릴 수도 없고 젊은 시절에는 누구나 거창했던 모든 것이 그렇다는 걸 정말이지 뜻대로 안 되는 것이 우리의 인생이 아닐까. 후회를 해봐도 아무리 생각을 해봐도 생각대로 안 되는 것이 인생이 그만큼 되었다면 젊은 시절에 꿈을 꾸었던 길로 가기에는 너무나 멀리 와 버려 다시 뒤돌아 갈 수 없는 인생이 되어버렸다.

자신의 꿈을 아주 욕심 없이, 자식을 모두 출가 시키고 아내와 단둘이서 도시를 벗어나 아주 공기 좋은 시골을 찾아 둥지를 틀고, 조그맣게 텃밭을 가꾸며 그때그때 계절에 따라 부부끼리 여행을 즐기며 아주 소박하게 사는 꿈을 꾸고 있지 않을까. 나 같은 사람은 너무나도 도시가 싫었지만, 그때마다 주어진 내 삶 속에서 열심히 살아왔을 뿐이다.

내 꿈은 그리 큰 꿈은 아니었는데 농촌에 살면서 큰 축사를 지어 한우를 기르며 벼농사를 짓는 소박한 꿈이었다. 이러한 꿈은 누구나 이룰 수 있는 꿈이었는데 옛날 말에 소도 비빌 언덕이 있어야 등을 비벼 댄다고 아버지의 땅을 모두 팔아 버렸으니 어느 세월에 그 꿈을 이룰 수 있을지. 내 잃어버린 꿈을 생각해 본다.

웃는 날들이

우리가 인생을 살아가면서 참으로 많은 일들을 겪는다. 보고 나서 후회한 일, 근심 걱정 속에서 외롭고 슬픈 일, 한 번쯤 더 생각했다면 후회하지도 않았을 일, 부모의 재산에 형제간에 재산 싸움. 이 모든 일을 어찌 글로 다 표현할 수가 있을까. 어제 쓴 글은 인생 백 세라는 글을 썼다. 하지만 우리가 인생을 살면서 자신에 대해 모르고 살아가는 사람도 무척 많다. 예를 들어 우리가 인생을 살아가면서 웃고 사는 시간이 얼마나 될까. 평생 웃음을 지으며 사는 시간은 고작 사십 시간 정도밖에 안 된다고 한다.

요즘 복지관이나 노인정에 가면 주민센터 웃음치료사가 억지 웃음을 웃으라 한다. 진정으로 웃는 사람들이 과연 몇 명이나 될까. 억지웃음은 소리로만 낼 뿐 진정으로 자신의 마음에서 우러나지 않는 웃음이다.

사람은 무게도 잡아야 하지만 그저 실성한 사람처럼 조그마한 일에도 웃는다면 그 사람을 보고 아주 실성한 사람인가? 아니면 아주 가벼운 사람인가?라고 비웃기도 한다. 사람들이 모인 자리에서 누가 우스갯말을 하면 모두가 자신도 모르게 웃고 만다. 아무리 잡으려 해도 한번 터진 웃음은 멈출 줄을 모른다. 그 웃음이야말로 진정한 웃음이다. 웃음치료사가 웃으라 해서 웃어봐야 자신에게 도움이 되지 않는다. 자신도 모르게 깔깔대며 웃음을 자아내는 것이 행복한 웃음이다.

사람은 많이 웃어야 건강에도 좋고, 수명에도 많은 도움을 준다고 하는데 우리는 물질에 얽매여 웃음을 잃고 살아가고 있다. 자! 생각해 보라 남자들은 회사 일로 바쁘지, 여자들은 직장에서 퇴근 후 집에 와서 집 안 청소, 빨래, 밥을 지어야 하고 언제 가족들과 웃음을 지을 시간이 있겠나 싶다.

그러고 보면 우리는 기계처럼 돌고 도는 기계와 같기도 한다. 우리가 태어나서 평생을 사십 시간도 웃지 못하다니 조금은 서글프지 않는가.

내 모습

세월은 우리가 생각하는 것보다 더 빠르게 흘러만 간다. 소년 시절에는 왜 이리 세월이 안 갈가. 그런 생각을 수없이도 했었다. 하지만 지금 와서 후회를 한다. 지금은 왜 이리 세월이 빠른지 벌써 6월 중순을 넘어가고 있다.

이때쯤 되면 시골에서 모내기를 남보다 빠르게 해놓고 도시락을 싸서 낫 한 자루를 들고 남보다 더 빨리 사철나무 벨 자리를 내가 벨만큼 그 큰 산을 약

10~20미터 간격으로 한 묶음씩 베어 놓는다. 그러면 다음 사람이 와도 그 구역 안으로는 절대로 들어가지 않는다. 그리해놓고 마지막 모내기 김매기까지 마치기가 바쁘게 땔감 나무를 베러 간다.

새벽같이 일어나 아침을 든든하게 먹고 대나무 석작에 새참 점심까지 넉넉히 담아 산으로 간다. 그렇게 약 50일 정도 어찌하든 추석 전까지 모두 나무를 베어야만 한다. 추석이 지나면 낙엽이 지기 시작해 나무가 늘지 않는다. 그러기에 추석 전에 모든 땔감을 베어야만 한다. 그렇게 벤 나무로 약 일 년 가까이 아궁이에 불을 땐다. 그렇게 젊은 소년 시절을 보냈건만 어느샌가 이렇게도 여기까지 흘러와 버렸을까.

참으로 일 년 365일이라는 숫자가 너무나도 빠르게 흘러만 간다. 며칠 전 6월이었는데 6월도 열흘 정도 남겨 놓고 있으니 좀 더 크게 생각해 보면 올 한 해가 상반기는 가고 후반기 6개월만 남지 않았는가. 이러하니 내 모습을 보고 싶어도 볼 수가 없으니 아내는 내 얼굴을 볼 때마다 검은 반점이 너무나도 더덕더덕하다고 말한다. 도대체, 얼마나 주근깨가 많기에 그런 말을 할까.

내가 앞을 보던 시절 나이가 많은 사람들을 볼 때면 죽은 개가 얼굴 전체를 덮고 있는 걸 보고는 나도 나이가 들면 저렇게 될까, 생각했는데 아마도 그때 보았던 그 얼굴만큼 내 얼굴이 그러할까 싶어 아내에게 그런 소리를 들을 때마다 내 모습이 무척이나 궁금하다.

솔직히 소년 시절에는 칭찬받을 만큼 내 모습이 좋았는데 이제 내 모습도 예전에 내가 보았던 그런 모습이 아닐까. 외출할 때면 내 얼굴에 뭐가 묻었나. 어느 곳이 옷깃이 잘못됐나 보고 싶어도 볼 수가 없다. 그러기에 내 방에는 거울이 없다 시력이 가려면 어느 한쪽만 갔으면 좋으련만 왜 한꺼번에 가 버렸는지 이제는 내 모습을 보려 해도 볼 수 없는 내 인생이 그저 외롭고 서글프기만 하다.

자랑스러운 대한민국

나는 대한민국 국민이란 것에 자부심을 느낀다. 우리의 국민성은 참으로 인내심 하나는 세계에서 1위다. 반도체가 맨 처음 일본에서 시작되어 전 세계를 지배했었다. 하지만 미국인들이 일본과 합작하여 일본을 따라잡았으나 삼성에서 일본 기술을 배워 오히려 일본 미국 우리 기술력을 빼내려 하지만 그게 어디 수월한 일인가. 지금은 어느 나라든 우리 국내 반도체를 따라잡을 수가 없다.

미국은 우리 기술을 오히려 자신들이 연구했는데 우리가 그 기술을 빼내어 갔다고 한동안 소송까지 벌인 일이 있었다. 알고 보면 미국인들이 일본인보다 더 치졸하다. 자기 나라에 이득이 되는 일이라면 물불을 가리지 않는다. 아무리 국도가 넓고 선진국이라 하여도 미국도, 일본도 우리 국민의 머리만큼은 따라오지 못한다.

오래전 중국 조선소에서 우리 국내에 조선소 기술진을 꼬여 기술을 빼내다가 한동안 우리 물량까지도 빼앗아 건조를 했으나 엘엔지 선까지도 만들 수 있다고 우리 국내 가격보다 월등히 싸게 입찰을 받았다. 몇 년 동안 매달려 작업을 했지만 결국 실패를 하고 말았다. 엘엔지 운반선은 우리 국내 조선소만이 만들 수 밖에 없다. 북극으로 가기 위해서는 두꺼운 빙하를 깨뜨리고 가야만 한다. 엘엔지 운반선에 그 두꺼운 빙하를 깨뜨리고 갈 수 있는 해빙 선도 우리 기술로 만들어 외국인 업체에 인도해 주고 있다.

우리 대한민국은 어느 나라도 따라올 수 없는 비상한 머리를 가졌다. 한번 매달리면 성공할 때까지 물고 늘어난다. 반도체나 조선소에서 근무를 하지 않는 사람들도 자신이 뭔가를 만들고 싶으면 수없이 반복하고 결국 만들어 낸다. 그러한 걸 보면 우리 국민성은 무서울 정도로 일을 한다.

작년에도 러시아 기술진들이 우주발사체를 우리 기술진들과 합작해서 만들기로 해놓고 아주 중요한 것은 자기 나라에서 만들어 조립까지 해서 가지고 왔다. 하지만 페어링 덮개가 떨어져 나가지 않아 결국 실패를 하고 이번에 쏴 올린 우주선은 전부 우리 기술로 만들고 조립해 결국은 성공을 했다.

그걸 보고서 러시아 연구진들은 무슨 생각을 했을까. 기술을 가르쳐 준다 해놓고 자기 나라에서 조립을 해오고 돈은 돈대로 받아먹고 아주 나쁜 사람들이다. 자기들이 가르쳐주지 않으면 우리가 발만 동동 구르고 자기들한테 애걸복걸할 줄 알았을 것이다. 이번 발사체도 실패하기만을 기다리지 않았을까. 우리 국내 연구진들에게 큰 박수를 보낸다.

장애인은

사람은 태어날 때부터 장애를 가지고 태어난 사람, 또는 살아가면서 상해를 입은 사람이 있다. 나 같은 경우 생후 일 년이 조금 넘어서 큰 열병을 앓아 장애를 입었다. 요즘은 중도 장애를 입은 사람들이 무척 많다.

얼마 전 중학교 일학년 학생들이 승용차를 훔쳐 타고 다니다 사고를 내었다. 그런 소년들 때문에 길 가던 사람들을 덮쳐 장애인을 만든다.

이런 아이들 때문에 범법 소년의 나이를 만 10세~14세 이하로 낮추려 하지만 상당수가 반대하기에 아직 결정이 나질 못했지만, 이것은 분명히 낮추어야만 한다. 세월이 변하니까 학생들도 변해간다는 걸 분명히 알아야 한다.

나는 대찬성이다. 비장애인들은 우리 장애인을 볼 때면 절대적으로 좋은 눈길로 보지 않는다. 장애인은 불행이라고들 하지만 우리 장애인은 그렇지가 않다. 불행이 아니라 조금 불편할 뿐이다. 그러니 안쓰러운 눈초리로 보지도 말고 불행한 사람으로도 보지 말고 조금 불편한 사람이로구나. 이러한 마음으로 봐주었으면 한다.

장애란 어느 누구도 모를 일이다. 언제 어디서 어떻게 무슨 일이 일어날지 모른다. 장애란 한순간이다. 삽시간에 일어나기에 절대로 나에게는 그러한 일은 없다고 큰소리칠 일은 아니다. 아무리 무단으로 길을 건너는 것도 아니고 분명히 인도를 가고 있는데 잠깐 순간에 차량이 길을 걷는 사람을 덮쳐 장애인을 만든다.

우리 장애인들은 솔직히 말해서 정상인과 하루에도 몇 번이고 말다툼이 일어나지만, 그냥 그러느니 하고 서는 못 들은 척 그냥 지나쳐 버린다. 비장애인들은 우리 장애인들을 볼 때면 꼭 한마디씩 한다. 정말이지 왜들 그러는지 절대로 그러하면 안 될 것이다. 옛 속담에 '사람 앞일은 누구도 알 수가 없다'고 사람 일은 모를 일이라고 옛말이 왜 그리 내 마음에 와닿는지 장애인은 불행이 아니라 조금 불편할 뿐이다.

2

상사화

지금의 현실

지금의 노인들은 옛 시절엔 시어머니께 이루 말할 수 없이 시집살이를 했다. 그 와중에도 가난 속에서 벗어나려고 아등바등 발버둥을 쳤다. 먹을 것이 없어서 소나무 송구를 벗겨 먹기도 하고 무 잎이나 배춧잎 시래기를 삶아 순전이 풀로써 배를 채웠다. 그렇게 땅을 일구고 농토를 한 마지기 두 마지기 사다 보면 어느덧 많은 농토가 되었을 즘 자식들이 결혼을 한다. 가족 계획한 지가 약 40에서 44년 정도 그 이전까지는 생기면 생기는 대로 자식을 낳아야만 했다.

내가 고향에 있을 때 이웃 마을 어느 집에는 아들만 열 명이 었다. 마을 사람들은 그 집에 자식들의 이름을 다 몰라 아이들이 인사를 하면 오냐 하면서 이름이 뭐냐고 언제나 그렇게 물었다. 그럴 때면 몇 번째 누구라고 했다. 하지만 지금 현실은 어떠한가. 자식 하나를 옛날 열 명 기르기보다 더 힘이 든다. 그것은 사교육비 때문이다.

요즘 시어머니는 옛날 시어머니께 구박 당하고 지금에 와서는 오히려 며느리에게 구박을 당한다. 며느리는 직장을 나간 답 시고 아이들을 맡겨놓고 점심은 뭐 하고 먹었느냐, 낮잠을 재웠느냐, 왜 씻기지 않았느냐, 옷이 저리 더러운 데 새 옷으로 갈아입히지 않았느냐, 빨래는 했느냐, 저녁밥은 했느냐, 반찬은 뭐 했느냐며 지금 시대는 잘못돼도 뭐가 한참 잘못되어 가고 있다.

시골에서 편하게 살고 계신 부모님을 큰 효도나 할 것처럼 하면서 안 가려 해도 시골에 모든 걸 정리해서 도시로 모시고 간다. 하지만 효도가 아니라 자기들 편하게 살자고 모시고 올라가 솔직히 자녀들 뒷바라지 손자 손녀 보라고 모시고 간다.

아침 되면 며느리가 먼저 일어나 밥을 짓고 음식을 만들어야 할 텐데 자기들은 해가 뜰 때까지 실컷 자고 일어나 눈곱도 떼지 않고 시어머니께 잔소리를 하기 시작한다. 반찬 투정으로 온갖 것을 다 트집을 잡고 며느리의 고통 속에서 살아간다.

시골로 내려가고 싶어도 땅도 집도 없으니 내려갈 수도 없고 땅을 치며 후회한들 어쩌랴. 이미 때는 늦은 걸 자식들이 어떤 소리를 해도 땅도 집도 팔아서는 안 된다. 무조건 나 죽으면 그때 너의 형제끼리 팔아서 해라, 해야지 자식이 울며불며 땅을 팔아 돈 좀 해달라 해도 그때만큼은 아주 냉정해야 한다. 그렇지 않으면 아들 며느리 연극 속에 속고 만다. 지금 현실 속에서는 오히려 며느리에게 구박받는다는 걸 알아야 할 것이다.

현대인의 결혼 생활

이제는 시어머니라는 존재가 땅에 떨어졌다. 시어머니라 해서 며느리에게 이래라저래라 소리를 하지 못한다. 또한, 자식들을 낳아도 딸을 낳든, 아들을 낳든 보고만 있어야 한다. 만약 한마디라도 했다가는 절대로 어른 대접을 받지 못한다. 한마디로 며느리가 지금은 상전이다.

예전에는 '여자들은 결혼과 동시에 친정 쪽은 쳐다보지도 말고 죽어도 그 집 귀신이 되라'고 그러기에 죽으나 사나 그 집에 붙어살면서 자기 부모가 돌아가셨다고 부고가 와도 시부모가 승낙을 해야 가지 허락이 떨어지지 않으면 친정에 갈 수가 없었다. 한마디로 여자는 한 번 결혼하면 출가외인이라고 남이 된다는 것이다. 요즘 그랬다가는 남자가 여자에게 당장 이혼 사유가 된다. 또한, 그러한 시부모도 남편들도 없다.

물론 제사를 지내는 집은 다르다. 어떠한 일이 있어도 명절 제사 때만큼은 손을 보태야 한다. 요즘 어느 시어머니가 간 크게 아들 하나 더 낳아라, 소릴 하겠는가. 또한, 지금에 와서 아들딸 구별하지 않는 시대가 아닌가. 요즘은 이혼이 남녀 간의 아무런 흠이 안 된다. 오히려 이혼 경력이 있는 사람들은 두 번 다시 이혼을 하지 않으려고 더 노력하고 더 열심히 산다.

지금 생각해 봐도 예전에는 어찌 그러한 구박을 받고 살아왔는지 한편으로는 존경스럽기도 하고 또한 애처롭고 불쌍하기도 하다. 자녀를 못 낳거나 딸만 낳으면 후처를 데려와 만약 아들이라도 낳으면 그 사람 시중까지도 들어야만 했다. 도대체 아들이 뭐길래. 그리들 야단법석을 떨었는지 요즘은 남녀가 비혼으로 사는 젊은이들이 많다. 아니면 결혼은 하되 자식을 낳지 않는 조건으로 결혼을 많이들 한다.

그것도 그럴 만한 것이 한 자식을 키우려면 사교육비가 얼마나 드는가. 어찌 보면 그것이 옳은지도 모른다. 요즘 사람들은 지금의 시대에 따라 결혼 생활을 하는 것 같다. 우리 같은 나이든 사람들이 볼 때도 어쩔 때는 그것이 현명한 것 같다는 생각이 들 때도 있다.

인생은 공짜가 없다

'인생은 공짜가 없다.' 이 말이 딱 맞는 것 같다. 인생 어느 누구도 공짜로 사는 사람이 없는 것 같다. 직장을 다니든, 사업을 하든, 농사를 짓는 사람이든 어느 누구 한 사람도 거저먹는 이가 없다.

우리는 모태에서 태어나 공부를 하고 독립을 하면서 그때부터 부모님께 손을 벌리지 않고 자기 스스로 직장을 다니며 뭘 해서라도 자신의 앞가림을 한다. 하지만 인생을 공짜로 살려 하는 사람들이 있다. 날마다 부모 형제들이 볼 때면 속이 터진다. 그런 사람은 직장도 싫다. 모든 일이 싫어 집에서 빈둥거리는 인간 하지만 막상 부모가 돌아가시고 나면 누구에게 손을 내밀 수 있을까. 형제가 있다 해도 몇 번이지 아무리 빈둥빈둥 논다고 해서 자신의 양심까지도 모르는 것이 아니다.

그러니 무슨 일을 하던 움직여 인생의 빚을 갚아 나간다. 아무리 일이 하기 싫다고 해서 하루 세끼 중 한 끼는 먹어야만 하니까 우리가 길을 걷다 보면 구걸하는 이도 있다. 그것이 바로 자신의 배를 채우려고 부지런히 구걸을 하는 것이다. 사람들이 그런 사람들을 볼 때면 흔히들 하는 말이 '아이고 저런 게 몸은 성해 가지고 하도 못 하면 일용직이라도 하지'라고 말을 한다.

하지만 구걸을 해서라도 나름대로 인생을 공짜로 살지 않으려고 몸을 움직인 것이다. 그러니 우리의 인생살이는 어쨌거나 공짜로 살아가는 이가 없다.

우리가 인생을 살면서 어느 가정을 갔을 때 그러한 사람을 볼 수가 있다. 집 밖에도 나오지 않고 집 안에서만 살아가는 사람 그런 사람을 볼 때면 '아이고 속 터져라'라고 말을 한다. 하지만

다만 우리들과 조금 다를 뿐이다. 우리들은 자신의 가족을 위해 아니면 아이들을 모두 결혼을 시키고 부부간의 노후 자금을 모으기 위해 열심히 노력할 뿐이다.

지금 시대는 며느리가 집에 오면 일 시킬 것이라고 착각해서는 안 된다. 며느리가 집에 오면 상전으로 떠받들어야만 한다. 안 그러면 명절이고 생일이고 오질 않는다. 또한, 노년에 자녀들과 함께 살려고 하면 그것은 큰 실수다. 자녀가 노후에 자기가 모실 테니 땅을 달라, 돈을 달라 해주면 그것으로 끝이다.

앞으로 어느 누구고 자녀들 결혼시켜 주면 그것으로 끝이다. 자식이 거짓말하여 노후 자기가 모신단 말에 속아 넘어가거나 그래도 내 자식인데 하는 사람들이 있다. 천만의 말씀이다. 자식은 부모의 품 안에서 있을 때 본인의 자식이다. 거짓이든, 참말이든 그 모두가 인생을 공짜로 살아가지 않으려고 한다. 인생을 살다 보면 참으로 재미있는 일, 슬픈 일, 여러 일이 있다. 그것이 우리 인생이 공짜로 살지 않으려고 그러한 것이다.

내가 태어나

내가 태어나 제일 먼저 부른 이름 어머니, 두 번째로 부른 이름 아버지, 이렇게 분명히 불렀을 텐데 기억도 나지 않는다. 지금이라도 어머니 아버지라고 소리쳐 불러 보고 싶지만 불러 봐도 대답이 없는 메아리만이 돌아올 뿐이다. 지금은 저 하늘에 별이 되어 나를 내려다보며 반짝거리며 있지 않을까.

초등학교 다니던 시절 아버지께서 논밭에서 쟁기질하실 때 막걸리 한 잔 드시라고 주전자를 낑낑거리며 들고 가던 기억이 어렴풋이 생각이 난다. 아버지께서 늘 하시던 말씀이 '용식이 너는 눈 때문에 도시 나가 살지도 못하고 아버지처럼 이 모든 농사를 물려받아 농부가 되어야 한다'고 하시면서 막걸리 한 사발을 들이켜던 나의 아버지.

50~60년도에 그리 고생만 하시던 부모님이 이제는 그리워도 보고 싶어도 볼 수 없는 아버지, 어머니 두 분은 뭐가 그리도 급해서 그리 빨리 가셨는지 다른 부모님들은 잘도 사시던데 4남 2녀 자녀들을 먹이고 입히고 고생만 하시던 아버지, 어머니 지금은 너무나도 그립고 보고 싶다.

하지만 어쩌랴. 그 어디에도 안 계신 것을 나도 자녀를 낳아 먹이고 입히고 학교를 보내고 결혼을 시키고 손자 손녀들 보고 나니 어느덧 내 나이가 이렇게 되다 보니 왜 이리 부모님이 생각날까. 지금도 귓전에 들리는 내 고향 뒷산에서 울어대는 뻐꾸기 소리 아버지께서 내 나이만큼만 사셨어도 나는 고향에서 아버지 유언처럼 농사를 지으면서 지금쯤 고향을 떠나지도 않고 농사를 짓고 있지 않을까. 자나 깨나 늘 내 걱정뿐이셨던 우리 아버지.

인생의 앞날은 한 치 앞도 모른다더니 정말이지 옛말이 왜 그리도 한 치도 틀리지 않는지 알 수 없는 것이 인생살이다. 내가 어려서 제일 먼저 불러 보았던 어머니, 아버지. 이제 어디서 이 두 분 불러 볼까. 지금도 내 맘에 응어리가 되었는데 이 응어리가 속 시원하게 풀릴 때까지 불러 보고 싶은데 불러 볼 수 없는 두 분을 소리쳐 불러 보고 싶다. 나의 부모님은 이제 영영 저 메아리 속에 묻혀버린 어머니, 아버지!

세월의 법칙

세월은 한순간도 쉼없이 흘러만 간다. 사람이란 어린 시절에는 하루하루를 무슨 의미인지 알 리가 없다. 그저 계절 따라 친구들과 놀면서 공부할 뿐이다. 세월은 어느 누가 뭐라 해도 붙잡을 수도 없는 것이 세월이다. 70년대와 지금 2000년을 생각하면 너무나도 변해버렸다.

세월의 흐름은 변함없이 쉬지 않고 흘러가지만, 계절이 너무나도 변해버렸다. 지구상에 많은 공장과 원

자력 발전소, 화력발전소 모든 공해를 뿜어내니 이 지구는 현재 몸살을 앓고 있다. 그리고 지금 이 지구는 많은 변화를 주고 있다. 우리나라뿐만 아니라 중국에서 두 번째로 큰 댐이 강바닥을 보이고 세계 어느 곳이고 크나큰 댐들이 마찬가지로 강바닥을 드러내 우리의 식수를 위험을 알리고 있다.

이 모든 것이 우리들이 만들어 내고 있다. 자연의 법칙을 우리가 어기고 있다. 자 북극의 빙하가 녹아 바다 수위가 높아져 세계 곳곳에 섬들이 물에 잠겨 그 섬을 떠나는 사람들이 생겨나고 있다.

지금 와서 공해를 줄이자고 하지만 소 잃고 외양간 고친다고 잃어버렸던 소가 다시 되돌아오는 것도 아니고 그러한 것처럼 이미 지구는 늦어 버렸다. 물론 지금이라도 공해를 줄인다면 조금은 느리게 변하겠지만 주위에서 흔히 볼 수 있다. 화제의 현장, 공장 건물, 또는 물류창고가 화재가 나면 아주 숨도 쉴 수 없는 독가스와 새까만 매연, 산불 우리나라뿐만 아니라 세계 곳곳에서 그러한 독가스와 매연이 하루에도 이로 말할 수 없이 뿜어내니 이 지구가 왜 몸살을 앓지 않겠는가.

자연은 우리를 속이지 않는다. 우리가 하는 만큼 우리에게 내어준다. 우리나라만큼 사계절이 뚜렷한 나라는 없었다. 하지만 지금은 봄이 오자마자 여름으로 변해 버리고 가을도 곧바로 겨울로 바뀌어 버린다. 이제 머지않아 우리나라도 사계절이 없어져 버릴 것이다. '자연의 법칙'을 우리가 만들어 내고 있다.

빨간 코스모스

한 계절 또, 한 계절이 올 때마다 참으로 신비하다고나 할까. 그 계절마다 새싹이 돋아나서 꽃을 피우고 열매를 맺을 때면 참으로 신비롭다. 어찌 그 계절에 때를 맞추어 열매를 맺는지. 올해도 강추위가 물러가고 매화꽃이 피어 향기를 풍기더니 벚꽃이 활짝 피었다.

어느덧 따가운 햇살이 내리쬐는 여름, 조금만 걸어도 숨이 턱턱 막힐 정도로 덥고 얼마 걷지도 않았는데 금방 온몸은 땀으로 흠뻑 젖어버리고 만다.

올여름도 선풍기, 에어컨 참으로 많이 켰다. 전기세가 어찌되던 우선 더위부터 식히고 보자는 생각에 선풍기와 에어컨을 켜야만 했다. 무더위를 시키고 나면 옛 생각이 난다.

냉방기가 없던 시절 그저 부채에다 마을 공동 우물에서 물을 길어 와 등목을 하고 나면 그렇게 시원할 수가 없었다. 하지만 지금은 샤워하고 나서도 에어컨을 켜야만 하니 생각해 보면 우리 사람처럼 간사한 게 또 있을까.

그렇게 무더웠던 여름이 장맛비가 내리고 나서 비가 그치고 나니 스르르 간다는 인기척도 없이 여름이 꽁무니를 감추고 가을 소슬바람이 살며시 우리의 곁으로 다가와 이제는 긴팔 옷에 밤이면 창문을 닫아야만 하니 흘러간 저 세월은 무엇이 그리도 급한지 바람도 구름도 저 높은 산봉우리에 좀 쉬었다 가면 안 되나 산봉우리에 스쳐 지나가고 만다. 가을이 되니 옛 추억이 새록새록 생각이 난다. 나는 조그마한 지게를 짊어지고 어머님은 큰 바구니에 빨간 고추를 따와 마당에 덕석을 펴놓고 고추를 말리고 했던 시절 초등학교 다닐 때면 학교 뒤편에 봄, 여름, 가을

꽃씨를 뿌려 봄이면 봄꽃, 여름이면 여름꽃, 가을이면 가을꽃씨를 마을별로 나눠주며 선생님은 꽃을 심으라고 하신다. 제일 흔한 곳이 코스모스인데 이 가을이 되면 어디를 가나 코스모스가 많다. 그중에도 우리 눈에 확 들어오는 곳은 빨간 코스모스가 아니던가. 그런데 지금은 그 흔했던 코스모스꽃을 보기가 매우 힘들다. 제초제를 쳐버리기에 집 마당에 심지 않으면 보기가 힘든 시절이 되어 버렸다. 그 옛날 길거리마다 가을바람에 흔들리던 빨간 코스모스가 그립다.

마지막 향기

세월은 참으로 빠르게도 흘러만 간다. 참으로 이상하다. 내 나이가 하나하나 더 먹을수록 왜 이리 내 마음은 바쁘고 조바심이 나는지 정말이지 저 높은 산에 올라 세월도, 바람도, 구름도 가지 못하게 꽁꽁 묶어 놓고만 싶다.

얼마 전에 그 추운 겨울이 지나고 벚꽃이 활짝 피어 봄을 알리더니 어느덧 봄여름이 가고 아침저녁으로 쌀쌀한 가을이라니 모든 꽃집 앞에는 모두가 국화꽃으로

수를 놓는다. 국화 향기를 맡을 때마다 정말 가을이 왔구나 하는 실감한다.

세월은 참으로 변함없이 누가 뭐래도 흘러만 간다. 우리도 세월처럼 묵묵히 평생을 변하지 않고 흘러간다면 어느 누구에게도 배신도, 실망감도, 지금처럼 묻지마 폭행도 없이 서로 사랑하며 살아갈 텐데. 사람들은 가질 것 다 가지면서 더더욱 욕심을 부리는지, 나 같은 사람은 가진 게 없어 그런지 몰라도 심지어 세금까지도 속이고 내지 않고 국세청이 집을 수색하면 금과 5만 원권 돈다발이 왜 그리 많이 나오는지….

인간의 욕심이란 아마도 무한정인가 보다. 나 같은 사람은 가진 게 없어 그저 세월처럼 편하게 오늘도 흘러만 간다. 이제 이 가을이 흘러가면 아무런 향기도 맡을 수가 없겠지. 이 계절이 마지막 향기를 전해주는 가을이 아니지만 아쉬움이 많이 남아 조금만 천천히 가라 한다고 가는 계절이 아니지 않는가.

사람들은 계절을 한 해, 두 해 맞이했던가. 이 가을에 향기를 실컷, 아니 마음껏 들이키고 미련 없이 보내야 하지 않을까. 그러다 보면 내년 이때가 되면 또다시 마지막 향기를 맡을 수 있을 것이다.

가을은 벼를 수확하고 모든 농작물을 걷어 들일 때다. 내가 시골에서 농사지을 때 벼를 수확해 마당 한편에 큼지막한 벼두지를 만들어 놓을 때면 내 마음도 부자가 된 기분이 들었다. 벼를 수확하면 벼 냄새가 지금도 내 코끝에서 나는 것만 같다. 봄은 봄대로, 여름은 여름대로, 가을은 가을대로 마지막 가을의 향기를 우리에게 전해주고 곧 간다는 말도 없이 가버릴 것이다. 마지막 한 향기를 우리에게 전해주고서 말이 없는 세월은 오늘도 이렇게 흘러만 간다.

눈 운동

세월 속에 묻혀 살아가면서 우리의 몸은 어느 곳 하나 소중하지 않은 곳이 없다. 그중에서도 걸어 다니고, 보고, 느끼고 하는 것은 우리의 눈이 아닐까. 신체적 모두가 건강하다 하여도 보이지 않으면 자유롭게 할 수가 없다.

눈은 신체적으로 제일 먼저가 아닐까. 어떤 일을 할 때면 눈으로 보고, 앞을 보고 걸어 다닐 수가 있다. 지금처럼 단풍잎이 물들 때면 보고 그 아름다움을 감상

할 수가 있고 마음속에 간직할 수가 있지 않을까. 아마도 나처럼 시력을 잃어보지 않은 사람은 얼마나 소중한지를 느끼지 못할 것이다.

보이지 않아 너무나 답답하고 길을 걸을 때도 지팡이를 의지해 걸어야만 하고, 음식을 먹을 때도 내 마음대로 먹을 수가 없고, 일을 하고 싶어도 보이지 않아 할 수가 없어 모든 것에 불편을 느낀다.

그런데 이 지구상에서 안경을 제일 적게 끼는 나라가 있다. 바로 중국이다. 텔레비전을 봐도 중국 사람들은 안경을 낀 사람들을 손꼽아 셀 수 있을 정도로 안경을 끼지 않는다. 그 이유는 학교에서도 직장에서도 제일 먼저 하는 것이 30분 동안 눈 운동을 한다고 한다. 그 운동을 하루도 빠지지 않고 하니 시력이 좋을 수밖에 우리의 몇몇 사람들은 처음에는 일 년 365일 동안 하루도 빠지지 않고 할 것처럼 하다가 일주일도 안 되어 포기를 하는 사람들이 너무 많다.

한 가지를 빗대자면 매년 새해부터는 꼭 담배를 끊는다고 가족들에게 직장 동료들에게 큰소리를 치지만 많이 참아 봐야 일주일이다. 인내심보다 마음이 앞서기 때문이다. 하지만 중국 사람들은 첫째가 자신의 마음을 다스릴 줄을 안다고 한다.

어려서부터 노령이 될 때까지 하루도 거르지 않고 꾸준히 눈 운동을 한다고 한다. 말이 30분이지 처음 하는 사람은 1시간 하는 것처럼 지루하고 긴 시간이다. 정말이지 우리 신체 중 눈이 제일로 중요한 것이다. 그러니 누구나 자신의 눈을 절대로 혹사시키지 마라. 사람은 우리 신체 중 첫 번째가 눈이 아닐까. 아무리 다른 신체가 중요하다 한들 앞이 보이지 않으면 무엇을 할 수 있을까.

노인의 우울증

농촌에서 가을 추수가 끝이 나면 노인들은 할 일이 없어 다음 봄이 올 때까지 집에서 쉬거나 회관에 모여 이런저런 수다를 떨며 지낸다. 현재 도시나 농촌 노인들 중 열 명 중 일곱 명은 우울증을 앓고 있다고 한다. 그럴 수밖에 없는 것이 70~80년도 만 해도 농촌이나 도시 근방에서 큰아들이든 작은아들이든 부모를 모시고 농사를 지었다. 하지만 지금은 젊은 사람들이 모두 농촌을 떠나 도시 생활을 하고 있다.

농촌에서 힘들게 일을 해봐야 뾰족한 소득이 없다. 현재 벼 수매량이 정해져 있어 정부에서 정해놓은 물량이라면 전국적으로 따져볼 때 한 집당 두 개 정도이다. 나머지는 자신들이 알아서 하라는 소리다. 그러니 어느 누가 도시 생활을 정리하고 농촌으로 내려오려고 하겠는가. 도시에서는 아이들을 대학에 보내기가 조금은 힘이 들어도 농촌에서는 현재 추세라면 자식들의 대학 꿈도 꿀 수 없다.

그래서 농촌에 등을 돌려 노인들만 있다 보니, 자식들이 보고 싶어도 손자 손녀가 보고 싶어도 보지 못하고 명절 때도 내려오지 않는 자녀들이 많다. 많은 사람들이 회사 일을 핑계 대고 해외여행을 떠나버린다. 부모들은 명절이 가까워지면 뭐 하나라도 더 챙겨 먹이려고 이것저것 준비를 하지만 또 못 온다고 하면 허탈감에 빠지고 설령 내려온다 해도 많이 자야 이틀 밤 자고 떠나버린다.

그러니 우울증이 생길 수밖에. 명절 보내면 이웃집 자식들은 모두 내려와 왁자지껄하면서 웃음소리가 끊이지 않는데 자신의 집만이 조용하다면 노인들의 마음은 어떡하겠는가. 속이 속이 아닐 것이다. 거기다 자식들이 왔다가 모두 떠나고 나면 집안은 휑하니 마음을 둘 곳이 없다.

예전에는 한 집에서 아들 며느리, 손자, 손녀들이 함께 살다 보니 우울증이 어디 있었는가. 앞으로 갈수록 더욱 심하지 않을까. 매스컴에서는 젊은이들이 귀농 귀농하지만, 그것은 한마을에 아니 서너 마을에 한 사람 정도 될까 말까 한다. 하지만 그러한 젊은 사람들도 영원하다고 볼 수는 없다. 왜냐면 모두가 새로운 농산물을 하우스 재배로 하면서 그 작물의 판로를 뚫어야만 한다. 그 일이 수월한 일인가. 앞으로 모르긴 해도 노인들의 우울증은 더욱 심해지지 않을까.

늙어 봐야

늙어 봐야 아느니. 젊어서는 재력이 있어야 살아가기가 편하나 늙어서는 건강이 최고다. 젊어서는 재력을 모으느라 건강을 해치고 늙어서는 그 재력을 허물어뜨린다. 젊어서 재산을 죽기 살기로 모으다 보니 늙어서는 병이 날 수밖에 재력이 있을 때는 사촌에 팔촌까지도 모여들더니 늙고 나니 모두가 떠나간다.

그렇다 달면 삼키고 쓰면 뱉는다고 자식들도 마찬가지다. 부모가 재산이 있을 때는 자식들이 문턱이 닳도록 들락거리더니 늙고 병이 나니 발길을 끊는다. 이것이 바로 인간의 본능이 아닐까. 부모가 재산이 있을 때는 자식들이 조금이라도 서로가 더 받아내려고 문턱이 닳도록 들락거렸지만, 자신의 만족을 각자가 채우고 나면 병든 부모를 찾아보지 않고 자신들의 배가 부르면 어느 누구도 생각나지 않고 배고프고 굶주린 사람들의 심정을 어찌 알까.

그러니 자신의 부모가 어찌 사는지 어디가 아픈지 알 리가 없다. 옛말에 무자식이 상팔자라고 했다. 어느 누구도 돈을 뜯어내려 하지 않고, 자신의 재물은 손댈 리가 없고, 자신이 아프면 사람을 불러서 병원을 간다.

하지만 자식이 많은 집은 형제간에도 서로를 미루다 보니 1년 365일 어느 자식 한 명 찾아오는 자식 없다. 이것이 지금의 현실 속에서 우리는 살아가고 있다. 요즘 젊은 사람들이 어찌 늙은 사람의 심정을 알겠는가. 자신의 몸이 늙어가고 몸이 아프면 젊어서 재력을 모은 금전이 쓰기가 아깝고 자신이 죽어서도 가지고 가지 못할 금전이지만 그래도 쓰기가 아깝다. 또한 늙어서도 금전이 있어야 친구도 있다. 돈이 없으면 친구도 찾지 않는다.

자신의 얼굴이 제아무리 미남 미녀라도 늙으면 추해지기 마련이고 자신이 제아무리 잘생겼다 한들 못생긴 사람들과 마찬가지로 똑같이 늙는다. 그러기에 '늙어 봐야 아느니' 인생은 어느 누구나 천년만년 살아갈 것 같지만 백 년도 못 사는 인생이다. 그러니 젊은이들이여, 옆자리에 늙은 사람이 앉는다고 인상 붉히지 말고 조금만 상냥하게 해드려라. 너희들도 늙어 봐야 그 마음을 알 테니 후회하지 말고 조금만 잘해드리면 안 될까.

인생 종착역

우리가 인생을 살아오면서 젊은 시절에는 '종착역'이란 단어조차 생각을 하지도 않고 그저 젊은 시절에 앞날에 큰 꿈이든, 아니면 아주 작은 소박한 꿈이든, 그 꿈만 생각하면서 살아왔다. 하지만 그러한 꿈을 이루기란 참으로 힘이 든다. 그 옛날에 꿈꾸던 길이 아닌 생각지도 못했던 길을 가기도 하고 작은 꿈을 꾸었던 그 길로 가기도 한다.

나는 큰 꿈이 아닌 아주 소박한 꿈을 꾸었지만 그마

저도 꾸지 못한 채 생각해 본 적도 없는 지하수 건물 도색 일을 했다. 높고 높은 아파트에 매달려 페인트통을 옆에 차고 로프 줄 하나에 매달려 밑을 내려다보면 그 사람들이 아주 작은 뭐라 할까, 여기에 비유한다면 표현이 좀 그렇지만 어미 닭만 하다고나 할까. 오로지 자신의 몸을 왼 줄에 맡기고 도색 일을 할 줄은 꿈에도 생각한 적이 없었다.

누구나 인생을 살면서 직업에 귀천이 없다고 했다. 지금도 혼자 있을 때면 웃음을 짓기도 한다. 젊었을 때는 그런 일이 아니었는데 인생이란 어찌 생각해 보면 참으로 어렵구나 하는 생각을 자주 해본다. 내 나이가 60 정도가 지나면 70이란 숫자가 눈앞인데 이쯤 되면 내 인생의 종착역은 어디쯤일까.

그곳은 어디이며 어찌 생겼을까. 그곳은 사람이 너무 많아 걸어 다닐 수나 있을까, 아니면 지금의 이 지구상보다 더 힘이 들고 자신이 죽고 싶다고 해서 두 번 다시 죽지도 못하고 고생만 할까, 아니면 모두가 그 종착역이 다를까 하는 생각을 해보게 된다. 역시 이러한 생각이 나이 탓이겠지.

요즘 사람들은 누구나 백 세를 꿈꾼다. 하지만 그 백 세가 내 마음대로 안 되는 것이 우리 인생이 아닐까. 나이에 관해서는 어느 누구도 장담을 하지 못한다.

이 나이가 되고 보니 자연스럽게 나의 종착역을 생각해 보게 된다. 세월은 참으로 말없이 빠르다. 얼마 전에 내 나이 60이라고 동생들이 저녁 뷔페에 데리고 가 맛있는 음식을 사주었는데 어느덧 70이라니 그렇다면 이제 나의 종착역은 어디쯤일까.

상사화

이 지구상에는 참으로 어마어마한 식물들이 이루 말할 수 없이 많다. 또한, 아직까지 우리에게 밝혀지지 않은 식물들도 많다. 각 나라의 그곳 기후에 맞게 자라는 식물들도 많다. 우리나라에서 자라나는 식물도 다 보지 못한 것도 말할 수 없이 많다. 이제는 시월 하면 제일 먼저 생각나는 식물은 국화가 아닐까.

내 생애 그렇게도 많은 국화 종류가 많을 줄 상상조차도 해보지 못했다. 국화의 향기는 또한 얼마나 좋은

가. 조그마한 화분 하나만 거실에 두어도 온통 국화의 향기로 적신다. 꽃나무들은 순이 솟아나고 줄기가 나오면서 시기가 되면 꽃봉오리가 맺어 활짝 꽃을 피운다. 하지만 상사화라는 꽃은 잎이 솟아나 여자들의 긴 머리카락처럼 길게 늘어뜨렸다가 늦은 여름이 되면 그 긴 줄기가 낙엽이 지기 시작해 초가을이 되면 한 해에 생명을 다하고 끝을 맺는다. 그 잎이 다지고 나면 꽃대가 자라기 시작한다.

어느 정도 자라면 여러 개의 꽃잎이 맺기 시작해 꽃을 피운다. 꽃들이 모두 예쁘지만, 상사화처럼 더 예쁜 곳이 또 있을까. 한 번 꽃이 피면 더도, 말고 딱 일주일간 꽃을 피우고 시들어 버린다. 이 상사화는 꽃줄기가 평생을 서로 가보지 못한다. 잎이 지고 나면 줄기가 솟아나 길게 늘어뜨린다. 그러기에 서로가 욕망을 그리며 서로가 그리워한다. 한마디로 서로가 한 뿌리에서 자라면서도 보지 못해 짝사랑만 하는 욕망이 가득한 상사화 꽃이라고 우리는 부른다.

어느 꽃을 보아도 꽃잎과 꽃이 함께 하는데 유달리 이 꽃만큼은 서로가 보지를 못하는 꽃이다. 이러한 상사화 꽃처럼 피는 꽃은 이 지구상에는 이처럼 피는 꽃은 없을 것 같다. 이렇게 한 몸, 한 뿌리에서 꽃잎과 잎이 평생을 마주할 수 있다니 그 얼마나 외롭고 슬픈 일인가.

한 가족이 한집에 살아가면서 평생을 얼굴 한 번 보지 못하고 살아간다면, 평생을 그리워하며 살아가지 않겠는가. 하물며 아무리 식물이라 할지라도 이와 같이 평생을 그리워하며 살아가는 '상사화 꽃'.

3

가을의 삶

남자들은 한결같아

나이

울고 싶거든

마지막 12월

가을의 삶

약속

인생 끝자락

참지 마라

실직

부모

노년의 유치원

길동무

남자들은 한결같아

젊음이 한창일 때는 남녀가 만나 사랑을 꽃피운다. 사랑이 무르익을 때면 어느 누가 뭐라 해도 들리지 않고, 가까운 사람들조차도 전혀 부끄러움도 없다. 밤늦도록 데이트를 하다 집에 데려다주면 여자는 다시 남자 쪽으로 발길을 돌린다. 내일 또다시 만나기로 했지만, 순간의 아쉬움 때문에 서로가 손을 붙잡고 놓을 줄을 모르고 그저 헤어지기가 싫어서 밤을 지새울 때도 있다.

서로에게 콩깍지가 씌우면 남자는 누구나 고생시키지 않고, 호강시켜 준다고 그저 자기만 바라보며 행복하게 해준다고 약속한다. 그렇지만 막상 결혼을 하고 아이가 태어나면 상황은 달라지기 시작한다. 호강 행복이란 말은 어디로 가버렸는지 찾을래야 찾을 길도 없고 그때부터 서서히 부부간의 언성이 높아지기 시작한다. 조금 지나면 누가 먼저라 할 것 없이 부부 싸움이 시작된다.

처음 연인으로 만났을 때는 서로가 어떠한 일이 닥쳐도 그때처럼 살아가고 싶었는데도 그 진정한 사랑은 어디로 가버렸는지 아저씨, 아줌마 소리를 듣다 보면 자연스럽게 그 말이 적응이 된다. 여자는 이게 호강이고 행복이냐며 소리를 지르기 시작한다. '아이고! 내가 눈이 삐어도 단단히 삐었지 내가 그 당시 뭘 보고 그러했는지 내 눈을 내가 찔렀다' 하며 고래고래 소리를 지른 사람도 있다.

사랑이란 모두가 똑같나 보다. 남녀로 만나 사랑할 때는 서로가 뭘 못 해줄까, 하지만 막상 결혼을 하고 아이가 태어나면 자연스럽게 사랑이 도망들 가나 보다.

물론 나 역시도 그리했지만 언젠가부터 그 사람이 없이는 못 살 것 같더니 냉랭해지기 시작했다. 부부 싸움은 기본이고, 서로가 화해하고 나면 정말 싸울 일도 아닌데 모진 말을 해가며 싸운다. 그러한 일들이 잦다 보면 이혼이란 말이 나오기 시작하다 결국은 이혼까지도 하는 사람들이 많다. 지금 세대는 결혼하는 사람들보다 이혼하는 사람이 더 많다고 한다.

인생을 살아 보니 부부간에 어느 한쪽이 아무런 시비가 없으면 싸움은 되지 않는다. 젊은 시절 아내가 뭐라 하면 옷을 입고 밖으로 나와 버린다. 그러니 아내가 누구와 싸울 것인가. 남자들은 아내든 어느 여자들이든 싸우면 남자들은 절대적으로 지게 되어 있다. 그때는 먼저 피해 버리면 부부 싸움은 되지 않는다. 교제할 때는 잘해줄게, 당신만 바라보며 행복하게 해준다 해놓고 고생만 시키는 게 남자들이다. 그래서 '남자들은 한결같아.'

나이

인생을 살다 보면 세월처럼 무서운 게 없는 것 같다. 속도가 너무 빠르다고 벌금을 물리는 것도 아니고 계절이 너무 빠르게 지나간다고 생각을 하니 나도 모르게 긴 한숨만 나온다. 나이라는 게 50, 60, 70이라는 숫자가 이렇게 클까. 지금에 와서 혼자서 그동안 내가 걸어온 길을 뒤집어 조용히 생각해 보면 그저 허무하다고나 할까. 난 내 나름대로 열심히 산다고 살았는데 그다지 뚜렷이 기억이 나는 것이 없다.

물론 인생을 산다는 것이 뭐가 별 게 있겠는가만은 한편으로는 내 나이가 70이라는 것이 너무 억울하기도 하고, 또 한편으로는 허무하기도 하고, 다른 사람들은 이 나이가 되면 어떠한 생각들을 하고 있을까. 내 생각처럼 이러할까 아니면 잘 살아왔다 할까. 아니면 그도 저도 아무런 생각 없이 살고 있을까.

이 나이쯤 되면 내 인생이 언제까지 아니 언제 어느 때 인생길을 멈출지 모른다고나 할까. 그러고 보면 우리 인생은 백 년이고 천 년이고 살 것처럼 법석을 떨지만, 솔직히 100년도 못 사는 인생이 아닌가. 고작 100년도 못 사는 인생을 살면서 그렇게 아등바등거리며 살아왔을까. 어찌 생각해 보면 미련하다고나 할까.

이렇게 인생이 가는 건데 이제는 나이가 겁이 난다. 60이라는 나이 때만 해도 이런 생각이 들지 않더니 60과 70은 너무나도 큰 차이를 보인다. 요즘은 수명이 좀 길어졌다. 하지만 길어 봐야 20~30년이 아닌가. 그마저도 몸이나 건강하면 그 얼마나 좋을까마는 지금도 여기저기가 아파 외과, 내과, 치과를 찾아다니며 여기를 고치면 저기가, 저기를 고치면 생각지도 않은 곳이 이러하니 뭐가 백 세란 말인가. 백 세도 건강을 하고 백 세지 여기저기 아파 내 스스로가 아닌 다른 손을 빌려 가며 살아간다는 게 무슨 의미일까.

나이가 들면 모두가 건강을 말하지만, 그중에서도 기억을 훔쳐 가버린 '치매' 제일 큰 병이다. 모두가 그 병마는 기피하지만 기피한다고 되는 일인가. 뭐니 뭐니 해도 치매처럼 무서운 병이 또 있을까. '나이'를 먹을수록 그 병만은 꼭 피하고 싶다. 하지만 인생은 자신의 마음대로 살아지는 것이 아니다.

울고 싶거든

사람이란 인생을 살아가면서 마음이 울적할 때 괜스레 자신이 외롭고 쓸쓸할 때가 생기면서 울컥 울고 싶을 때가 있을 것이다. 그럴 때는 조용히 자연 속에 들어가 목청껏 울어보라. 모든 걸 다 털고 나면 자신도 모르게 속이 시원할 것이다. 그렇다. 나도 인생길을 걸어오면서 남몰래 많이 더 울었다.

언젠가 산속에 들어가 목청껏 울면서 그립고 보고 싶은 사람의 이름을 불러 보면서 실컷 울어본 적이 있었다. 울고 나니 자연이 그렇게 고맙고 아름다울 수가 없었다.

아주 평화롭고 고요하게 새들이 지저귀는 소리 노루인지 고라니인지 고요한 적막을 깨우면서 뛰어가는 소리. 자연은 내 마음을 알기라도 하는 듯이 외롭고 울적했던 내 마음을 확 풀어주었다. 속이 뻥 뚫릴 것이다.

자연은 우리에게 너무나도 많은 것을 내어주고 있다. 하지만 우리는 자연을 아끼고 사랑할 줄 모른다. 하물며 자연을 파괴하고 있다. 자연이 없다면 우리는 어찌 숨을 쉬고 살아가겠는가. 앞으로가 걱정이다. 지금 아프리카 정글만 해도 얼마나 망가뜨렸는가. 초지를 만들려고 일부러 불을 지르고 아주 소중한 동식물이 불에 타 죽고 보호 종들이 영원히 이 지구상에서 사라지고 있다.

사람들은 자신의 이익을 위해서라면 어떤 짓도 서슴지 않고 저지른다. 우리는 꼭 그리해야만 할까. 먼 미래라는 생각을 조금도 하지 않는 것 같다. 우리가 후손에게 물려줄 것은 아름다운 자연이 아닐까. 인생을 살아가면서 자연도 생각하면서 살아갔으면 한다. 인생을 살아가면서 외롭고, 괴롭고, 쓸쓸할 때가 어디

한두 번 있을까.

자신의 마음을 알아주고 안아주는 것은 뭐니 뭐니 해도 자연이다. 사람이 아무리 위로의 말을 한다 해도 그 사람의 진정한 말일까. 그냥 위로하는 척 말로나마 할 것이다. 그렇다고 자신의 속말을 모두 털어놓으면 그 말은 금방 이 사람 저 사람에게 퍼져나가 고개를 들지 못하게 한다.

예부터 발 없는 말이 하루에 천 리를 간다고 했다. 그만큼 남의 말이라면 해서는 안 될 말을 이리저리 옮기고 만다. 하지만 자연 속에서 자신의 속이 시원할 때까지 울고 말하고 해보라. 그러고 나면 자연은 그 사람에게 아주 많은 것을 안겨 줄 것이다. '울고 싶거든' 자연 속에서 울어 보라.

마지막 12월

세월은 참으로 빠르고 한순간에 스쳐 지나가는구나. 올 한 해가 시작되었을 때, 부디 올 한 해도 우리 가족, 형제들 믿음 생활 잘하고 건강하게 해달라고 기도를 드렸는데 벌써 12월이라니. 올 한 해가 시작되었을 때 매화꽃 향기를 풍기더니 어느덧 들녘에는 새싹이 돋아나고 나뭇가지에도 새순이 돋아났다.

들과 산에도, 나무도, 파란 잎으로 들녘에는 이름 모를 들꽃들이 피어나고 코를 대고 꽃향기를 맡고 했었는데 온 산이 단풍으로 물들기 시작했다. 그 잎은 언젠가부터 한 잎 두 잎 떨어지더니 지금은 앙상한 가지만 남아 바람결에 흔들거린다. 참으로 세월은 한순간처럼 지나가는 것만 같다.

지금은 마지막 계절인 12월, 올 한 해도 글을 쓰면서 좋은 글이 몇 편이나 나올까. 늘 기도하는 마음으로 글을 썼는데 몇 점이나 나왔을지 올 8월에 『못다 핀 꽃 한 송이』 수필집을 출간했으나 나의 실수로 수필 공부를 시작할 때 썼던 글이 실려 큰 실수를 했다.

이제 올 한 해도 30일밖에 남지 않았다. 어찌 생각해 보면 세월처럼 빠른 게 있을까. 마지막 남은 한 달을 아주 소중히 생각하면서 아주 좋은 글 한 편이라도 나왔으면 좋으련만. 아직까지 좋은 영감이 떠오르지 않는다. 하지만 좋은 글이 꼭 나오리라 믿는다.

가을의 삶

가을은 참으로 아름다운 계절 중에 하나가 아닐까. 나는 농촌 출신이어서 그런지 도시와는 전혀 맞지 않는다. 물론 현재도 그렇다. 군 복무를 마치고 어쩔 수 없이 가족이 있는 도시로 왔지만, 내 마음은 도시 생활에 흥미를 느끼지 못했다.

몇 년 동안 회사 생활을 했다. 하지만 결국 회사를 나와 개인 사업을 했다. 물론 사업도 중요하지만, 꽉 막힌 공장 안보다 밖에서 일을 하는 것이 무척이나 편

하고 행복했다. 공장 안에 있으면 세월이 변하는 줄도 모르지만, 밖에서 일을 하면 봄, 여름, 가을, 겨울 사계절을 보며 느낄 수가 있어 무척 좋았다.

모든 계절이 오가는 것을 느낀다. 봄이 되면 앙상했던 나무가 새순이 돋아나기 시작해 하루하루가 다르게 숲을 이루며 꽃이 피기 시작하면 여기저기서 여러 가지의 꽃들이 피어나고 많은 사람은 꽃 구경 다니느라 바쁘다. 꽃이 피는 계절은 뭐니 뭐니 해도 봄이 최고가 아닐까. 꽃구경을 하다 보면 어느덧 여름이 찾아오고 직장인들은 휴가를 받아 피서를 즐기며 그동안 피로를 모두 떨쳐버린다.

요즘은 젊은 사람들이 탈모가 많다. 그 모두가 직장 생활에 스트레스 때문이다. 직장 내에서 승진하려면 업무에 매달려 죽기살기로 해야만 한다. 하지만 세월아, 내월아 하면 승진이 아니라 밑에 사람들이 치고 올라온다. 그걸 보고 직장 생활하노라면 머리카락이 어찌 다 빠지지 않겠는가. 그러고 보면 나는 직장을 빨리 나온 것이 참으로 잘한 것 같다.

벌써 들판에는 추수가 모두 끝이 나고 허수아비만 양팔을 벌리고 서 있다. 단감 과수원에는 감을 수확하느라 한참이다. 날씨는 겨울이 오려고 아침저녁으로 너무 쌀쌀하다. 감 수확을 빨리 해야 얼지 않을 텐데 일꾼들은 없지 주인들은 속이 타들어 간다. 가을처럼 좋은 계절이 어디 있을까.

정말 '가을의 삶' 속에서 마음껏 즐기며 살고 싶다. 물론 나뿐만이 아니라 많은 사람이 가을의 삶 속에서 살고 싶을 것이다. 산을 쳐다보면 너무너무 아름다운 단풍이 물들어 있고 들녘을 바라보면 벼가 익어 황금들녘을 이룬다. 정말 가을은 아름다운 계절이다. 가을의 삶 속에서.

약속

우리는 늘 약속을 한다. 어릴 적에는 친구들과 새끼손가락 걸고 자주 약속을 했었다. 약속을 하면 시간을 정한다. 시간이 지나도 오지 않는 사람, 아주 늦게 오는 사람, 시간보다 일찍 나와서 기다리는 사람, 정확히 오는 사람. 성인이 되어서도 잘 지키는 사람과 지키지 않거나 늦게 오는 사람들의 성품을 알 수가 있다.

약속을 잘 지키지 않는 사람은 어떠한 일을 해도 하는 둥 마는 둥 그 일에 흥미를 느낄 줄 모르고 그저 시간만 흘러가기만을 기다린다. 같은 동료는 진급을 하는데도 욕심을 부리지 않고 평상시처럼 일을 한다. 그런 것을 보면 그 사람의 성품이 확실히 드러난다. 그러한 사람은 가정에서도 자식들과 약속을 해도 말로만 하지 그냥 지나쳐 버린다. 그런 자식들은 자기 부모를 어찌 생각할까.

부모가 약속을 지키는 법이 없으면 그 후부터는 어떤 말을 해도 무시를 해버리고 자식 역시 자라면서 그리 심각하게 받아들이지 않고 무시해 버린다. 나 같은 경우는 언제나 그 시간보다 먼저 나와 기다리는 편이다. 우리가 인생을 살아가면서 차 시간이나, 사람 기다리는 시간이 제일 지루할 것이다. 아무리 시간에 쫓기고 몸이 불편해도 어떠한 일이 있어도 약속만큼은 지켜야 한다.

얼마 전 이태원 사고로 많은 젊은이가 희생되었다. 정말 세월호 이후 큰 사고이다. 어떤 희생자의 부모는 결혼 십 년 만에 아주 귀하게 낳은 자식이었는데, 직장 생활하면서 매달 부모님 해외여행 보내드리려고 적금을 넣고 티켓을 끊어 여행 보내드릴 날만 기다리던 중이었다.

이번 참사에 희생이 되어 버렸으니 부모 심정은 어떠할까. 그 마음을 생각하면 가슴이 너무나 아픈데 그 부모의 심정은 얼마나 무너질까. 그 청년은 어쩔 수 없이 자신의 부모와 약속을 지킬 수가 없게 되었다. 모든 사람에게도 특히 이 청년을 위해서 잠시나마 고개를 숙여 고인의 명복을 빕니다.

인생 끝자락

산에는 온통 붉게 단풍잎으로 물들었고 담장, 밭, 언덕배기는 누렇게 익은 호박이 여기저기 많이도 열려있다. 들판에는 황금빛을 이루던 들녘이 이제는 논두렁만이 휑하다. 계절은 변함없이 오고 가건만 우리의 인생은 한 계절, 한 계절 지나갈 때마다 잔주름만이 늘어만 가고 다시 돌아올 줄 모르는 인생을 생각해 보면 참으로 서글프기만 하다. 마음만은 청춘이라고 내 젊은 시절에 나이가 드신 어른들은 그러한 말을 자주하

셨다.

젊은 시절에는 그 말이 무슨 말인지 이해를 하지 못했다. 하지만 나이가 들다 보니 그때 그 말씀들이 이제 와서 알 것만 같다. 이제 마음과 생각은 젊은 시절에 젖어 드는데 육체는 말을 듣지 않고 뭐하나 들더라도 마음만은 '아이고 저까짓 것' 하며 실질적으로 들려고 하면 힘에 부친다. 역시 세월에 흐름과 나이는 어쩔 수가 없나 보다.

이제 계절은 곧 머지않아 가을의 끝자락을 밀어내고 겨울이라는 계절로 바뀌어 버리겠지. 나의 인생 끝자락도 머지않은 것 같다. 그렇다고 해서 외롭거나, 슬프거나, 쓸쓸하지도 않다. 모든 인생이 이렇게 흘러가는 것인데 뭐가 외롭고 쓸쓸하겠다. 그저 이제는 나의 끝자락이 어디쯤일까 하는 생각일 뿐이다. 내 인생길을 걸어오면서 남에게 속이는 일도 나의 이득을 위해서 더더욱 못된 행동도 해본 적이 없다.

오히려 남에게 속아주고 배신을 당하고 그 사람을 잡으려고 한 달 동안 겨우 그 집을 찾아가면 그 사람은 곧 해결을 해준다며 시간을 끌면서 다른 곳으로 이사를 해버리고 지금 생각해 보면 왜 그리 어리석었는지 남들처럼 모질게 했으면 그 많은 돈을 받을 수도 있었을 텐데. 왜 그러지 못했나 하는 생각도 들면서도 한편으로는 그래 내 돈 가지고 그 사람이 잘 살면 얼마나 잘 될까. 그 사람이 나한테만 그리했을까, 하는 생각이 든다.

하지만 이제는 모두가 부질없는 일. 내 인생에 '인생의 끝자락'에 서서 무슨 생각을 하고 뭘 어쩌겠는가. 그저 남에게 욕 안 먹고 손가락질 안 받고 '저 사람 참 좋은 사람인데'라는 소리를 들어야 하지 않을까. 인생 끝자락에서 오늘도 나는 늙어만 가는구나. 긴 한숨만 내쉰다.

참지 마라

세월을 살다 보면 무척이나 힘들 때가 있다. 그럼에도 불구하고 인생길을 걷는다면 그 사람은 참으로 미련한 사람이다. 힘들거든 푹 쉬었다 가면 되지 뭐가 그리도 급하다고 쉬지도 않고 가려고 하는지 그렇게 가다 보면 마음에 큰 병이 들고 육체적으로 골병뿐이다. 그 당시에는 모르지만, 노년을 살다 보면 마음의 병, 육체적 병이 드러난다. 지금 자신의 육신이 젊다고 쉬지도 않고 인생길을 걷는다면 미련스럽고 바보짓이다.

물론 인생은 길다면 길고 짧다면 짧다. 하지만 인생을 살아가면서 아무리 급해도 쉬엄쉬엄 쉬어가는 것이 인생살이가 아닐까. '빨리 간다고 해서 잘 되는 것도, 잘 사는 것도 아니더라. 그저 내 몸만 망가지더라.' 누가 그러한 말을 했을까. 젊어서는 고생도 사서 한다고 그 말은 옛말이다. 지금의 세월과는 전혀 맞지 않는 말이다. 자신의 앞날도 생각하며 살아가기 힘든 세월 속에 왜 알면서도 고생을 사서 한단 말인가.

사서 한다는 말이 공감은 가는 말이다. 그만큼 고생을 해봐야 인생을 살아가는 데 큰 경험이 된다는 말인지를. 하지만 지금 현 시대에 와서 내가 하나 생각하면 상대방은 둘을 생각하고 있다는 걸 알아야 한다. 하지만 아무리 갈 길이 바쁘다 해도 머리를 식히며 내일을 생각하면서 쉬엄쉬엄 걸어가 보자. 나도 한때는 밤낮을 가리지 않고 대도시 사람처럼 별 보고 출근했다가 별 보고 퇴근을 한 적이 있다. 그것도 몇 년이 아니라 수년을 그렇게 살았었다. 한 방에 그 모든 것을 잃어버렸을 때 그때처럼 허무함이 없더라.

누구나 세상을 살면서 힘이 들고 괴로움을 참고 견디며 그럴 때는 잠시 쉬어가는 게 마음의 행복이다. 세상을 살면서 세월이 참으로 길다고 생각하는가. 1년 365일 참으로 길게 느껴질지 모르지만 너무나 짧은 것이 세월이다. 올 2022년도 새 달력을 벽에 걸어놓은 지 얼마 되지 않은 거 같은데 이제 12월 한 달만을 남겨 놓고 있다.

힘이 들거든 '참지 마라' 힘이 들수록 한 번 더 쉬어라

실직

우리가 살아가면서 이처럼 물가가 오르고, 실직자가 날이 가면 갈수록 늘어나고 이 모두가 2020년도 코로나라는 병균이 전 세계를 덮쳐버렸다. 그 병균이 잦아들만 하면 다시 또 시작되기를 여러 차례 맨 처음 IMF가 왔을 때도 이렇게까진 아니었다. 여기다 러시아 푸틴 대통령이 욕심을 부려 우크라이나 땅을 뺏으려다 오히려 역공을 맞이하고 있다. 사람이란 욕심이 과하면 체한다고 했다.

푸틴은 전쟁을 일으켜 젊은 청년들 수만 명을 목숨을 잃게 했다. 자신은 호의호식하면서 그 젊은이들은 사지에 내몰려 죽어가고 있다. 전쟁으로 인하여 기름, 천연가스, 밀 등 이 모든 것을 전 세계 경제가 얼어 붙어버렸다. 아직까지도 전쟁이 언제쯤 끝날지 예측도 할 수가 없다.

앞으로도 물가가 얼마나 더 오를지 알 수가 없다. 코로나와 전쟁으로 인하여 많은 기업체들이 도산을 해 수많은 사람이 직장을 잃고 있다. 그 사람들도 모두 가정을 이루고 아내가 있고, 자식들이 있다. 한마디로 맑은 날에 날벼락이 아닐까. 아주 젊은 사람들은 다시 직장을 구하면 되지만 나이가 50대에서 60대 사람들은 또다시 직장을 구하기란 하늘의 별 따기이다.

50~60대 실직을 하면 이러한 사람들의 심정은 말로 다 할 수 없을 것이다. 자신의 가정에 가장으로서 그 얼마나 속이 타겠는가. 실직 당하고 며칠간은 아내에게 말도 못 하고, 퇴직금을 조금은 받는 데도 있지만, 아예 몇 달 월급조차도 받지 못하고 실직자가 되고 만다.

우리 인생살이는 언제나 평탄한 길만 걸어갈 수가 없다. 자신들은 회사에 입사할 때는 그곳에서 퇴직할 때까지 자신의 몸을 맡기려 했을 것이다. 그런데 갑자기 회사가 어려움을 당하고, 어찌하든 회사를 살려 보려고 했지만, 경영 적자를 보고 더 이상 회사를 운영할 수가 없을 땐 회사는 결국 문을 닫고 만다.

그 많은 실직자들은 오늘도 일어나고 있다. 실직을 당해보지 않은 사람들은 이러한 심정을 모를 것이다. 실직이라는 이름으로 하루아침에 백수가 되어버린다. 언제쯤이면 이 경제가 풀릴까. 실직자의 마음을 그 누가 알까. 아마도 큰 소리 내어 한번 울어 보고 싶을 것이다.

부모

요즘은 젊은 사람들이 쉽게 만나고 쉽게 헤어지는 것 같다. 그러다 아이라도 생기면 보육원에 보내든지, 아니면 엄마가 기르다가 재혼이라도 하게 되면 외톨이가 되어 구박 당하기 일쑤이다. 하지만 강인한 엄마는 그 자식만 보고 열심히 사는 사람도 있다. 부모가 되기는 쉬워도 부모답게 사는 것은 무척 어렵다.

자식은 어릴 적부터 인성 교육부터 잘 가르쳐야 한다. 아이는 부모가 하는 대로 보고 배우는 것이다. 자녀가 귀하면 귀할수록 회초리를 들라고 하지 않았던가. 하지만 요즘은 그저 오냐오냐하며 응석을 다 받아준다. 잘못을 하면 단호히 나무라야 하는데 그냥 내버려 둔다. 예나 지금이나 그 자식을 보면 부모를 알 수가 있다고 했다. 하지만 아이가 분명히 잘못을 했는데도 불구하고 그냥 내버려 두는 것은 자기 자식이 기죽을까 봐 나무라지 않는단다. 그러기에 요즘 아이들이 천방지축이 아닌가.

후배가 선배를 으슥한 곳으로 데리고 가 집단폭행을 하는가 하면 승용차에 차량 열쇠가 꽂혀 있으면 친구들과 몰고 간다. 그러다 사고라도 나면 그대로 도주를 해버리고 경찰에게 잡히면 마음대로 하라고 한다. 이런 아이들은 미성년자는 구속이 안 된다는 걸 알기에 경찰들에게 알아서 하라며 자기들끼리 피식피식 웃으며 잘못을 뉘우치지 않는다.

지금의 세상을 보면 요지경 속에서 살아가고 있다. 시내버스든, 지하철이든 70~80대 노인들은 서서 가고 젊은 사람들은 앉아서 가는 시대가 된 지 오래다. 뭣 모르는 노인들은 젊은 사람들에게 일어나라고 했다가는 큰 봉변을 당하고 만다. 나이 꽤나

처먹고 집구석에 나 있지 뭐 하러 나다니면서 귀찮게 하냐며 그 불똥이 노인에게 튄다. 그저 나이 든 사람은 봐도 못 본 척 눈뜬장님이 되어야만 한다.

부모란 자식을 낳았다고 해서 그저 어른이 되는 것이 아니다. 아무리 일과 직장으로 바쁘다며 아내가 알아서 하겠지 하며 모든 걸 맡겨버린다. 그러하기에 자기 자녀가 무얼 하는지 학생이니까, 그저 공부나 하겠지 했다가는 큰 실수다. 아무리 바빠도 자녀와 함께하며 잘한 것은 칭찬을 해주고 잘못한 것은 단호히 안 된다고 가르쳐 줘야만 한다. 그러기에 부모는 쉬워도 부모가 되는 것은 어렵다.

노년의 유치원

우리는 이 세상 태어나 오랜 기간 동안 공부를 한다. 유치원까지 더하면 이십 몇 년이 된다. 어찌 생각해 보면 우리는 태어나 공부로서 공부로 끝나는 인생인지도 모른다. 내 나이 초등학교 다닐 때만 해도 과외 공부가 따로 없었다. 도시 학생들은 물론 과외 공부를 했을 것이다. 하지만 어려운 농촌 학생들은 과외가 아니라 학교에서 숙제를 내줘도 하지 못하고 간다. 선생님께서 숙제 검사를 하면 무조건 회초리로 손바닥을 맞는다.

그것은 하기 싫어서가 아니라 학교가 끝나면 소를 몰고 나가 풀을 뜯어 먹게 해야 하고 아니면 소풀을 베어야 한다. 그러니 숙제를 하려고 저녁이면 호롱불 밑에서 책을 펼치면 자신도 모르게 잠이 들고 만다. 그렇게 잠이 들고 나면 아침 일찍 숙제를 해야 하는데 아침 일찍 망태를 걸치고 소풀을 한 망 베어 놓고 가야 한다. 그러니 제때 숙제를 할 시간이 없었다. 그러나 지금은 아무리 농촌이라도 소풀을 베어 먹이는 곳은 없다. 초등학교 들어가기 전 국어, 영어, 수학을 모두 익히고 초등학교를 들어간다. 요즘은 노인 유치원까지 생겨 월요일부터 금요일까지 유치원 차량이 와서 한 사람씩 모시고 가 오후 5시가 되면 다시 집으로 모셔다 드린다.

현재 독거노인들이 백팔십만 명이 넘는다고 한다. 어쩌면 그보다 훨씬 더 많을 것이다. 옛 속담에 이러한 말이 있다. 나이가 들면 어린아이가 된다고 했다. 그 말이 왜 그리 딱 맞는지 예나, 현재나 그 말은 똑같다. 노인유치원에 가는 사람들께 거기서 뭘 배우느냐고 물어보면 손바닥을 펴서 빼기, 더하기 요즘 유치원

어린이집에서 배우지 않는 손을 쥐었다 펴는 죔죔을 배운단다.

생각해 보면 나이가 들면 아이가 된다는 말이 맞는가 보다. 요즘 노인들에게 기억을 훔쳐 가는 병을 미리미리 예방하기 위해 노인 유치원이 생겨났다. 참으로 무서운 일이 아닌가. 기억력을 잃지 않기 위해서 선생님들이 이러한 모든 것들을 가르치느라 참으로 고생이 많다.

길동무

인생을 살다 보면 소년 시절에는 공부와 씨름을 하고 결혼을 하고 나면 가정을 위해 열심히 노력을 한다. 그러다 보면 자신도 모르게 중년을 훌쩍 넘어버리고 그제야 자신의 젊은 날의 청춘은 온데간데없고 자신의 머리에는 하얀 서리만 서려 있고 얼굴엔 주름살만 늘어져 있다. 긴 한숨을 내쉬며 자신의 인생을 생각하게 된다. 젊은 시절에는 자신의 시간이 마냥 그 자리에 머물러 있을 것이라고들 생각을 한다. 하지만 내가 살아 보니 그 젊음은 잠깐이더라.

나이가 70~80대가 되다 보면 함께 걸어갈 길동무 친구가 필요하지 않을까 생각을 해본다. 절친한 친구 한 사람 있다면 노년에 이곳저곳을 걸으면서 이야기를 하면서 외롭지 않게 '길동무'가 되지 않을까. 특히 나와 같은 사람은 더더욱 필요하다. 그렇게 아주 먼 곳까지 갈 수 있는 친구가 없을까. 이것은 꿈에 불과하지만 누구나 그 나이가 되면 그러한 생각이 들 것이다.

우리가 인생을 살면서 1년이면 365일이다. 10년만 해도 3650일이다. 이게 적은 날들인가. 요즘에 와서 인생 백 세, 백 세 하는데 얼마나 많은 날들인가. 하지만 설령 백 세에 무엇을 할 수 있을까. 혼자서 여행도 할 수가 없고 백 세란 우리의 욕심이 아닐까 생각을 해본다.

인생은 누구나 추해지기 전에 영원한 곳으로 갔으면 하는 생각을 할 것이다. 만약 있다면 외롭지 않고 참으로 좋으련만. 그러고 보면 우리가 인생을 살아가는데도 수월하지만은 않다. 알고 보면 무척이나 어려운 게 우리의 인생살이가 아닐까. 조심히 생각을 해본다. 이 나이가 되다 보니 노년의 친구가 참으로 필요하다. 나이가 들면 들수록 고향 친구가 왜 이렇게도 그리운지 모든 친구들이 결혼을 하다 보니 고향을 떠나 모두가 객지에서 둥지를 틀고 있다.

나는 아버지 소원대로 고향에서 농사를 지으며 살아갈 것이라고 생각을 했다. 단 한 번이라도 이처럼 객지에서 살아갈 것이라고는 전혀 생각을 하지 않았다. 하지만 이렇게 머나먼 타향살이를 하고 있지 않는가. 그러기에 인생살이는 모른다고 했나 보다. 머나먼 타향에서 길동무 하나 없이 살아가는 나의 자신이 너무나도 초라하기만 하다. 나의 진정한 '길동무' 어디에서 찾을까.

4

난 어디쯤 왔을까

가을은 겨울을 남기고

가을은 간다는 말도 없이 저 높은 구름 따라 가버렸다. 봄이 오려면 아주 까마득한데 세월처럼 변함없이 흘러가는 것이 있을까. 정말이지 세월처럼 우리의 사람도 거짓 없이 변함없이 살아간다면 이 세상은 전쟁도 없고 자식이 부모를 해치는 일도 없을 텐데.

가을은 간다는 말도 없이 가버리면 어쩌나 또한 이 겨울을 우리에게 주고 갔으니 이 혹독한 겨울을 어찌 보내야 할지 지금부터 걱정이 된다. 봄이 오려면 까마득한데 왜 이리도 가을은 빨리 가버렸을까.

가을옷을 꺼내서 얼마 입지도 않은 것 같은데…. 어느 누가 새털처럼 많은 세월 쉬엄쉬엄 가자고 했을까. 이렇게도 빠른 세월을 요즘은 아침 먹고 돌아서면 저녁이 찾아오는 것 같다. 아무리 소리쳐 세월아, 세월아 제발 쉬엄쉬엄 가라 해도 세월은 들었는지 못 들었는지 묵묵히 잘도 흘러만 간다.

세월 가면 내 인생은 어쩌라고. 하지만 우리의 인생은 아랑곳하지 않고 제 갈 길 가고 만다. 겨울은, 첫째로 이제 나이가 들다 보니 빙판길에 넘어져 뼈라도 부러질까 겁이 난다. 특히 나이가 많은 사람들은 한 번 넘어져 뼈가 부러지면 잘 붙지도 않고 무척 애를 먹는다. 뼈만 부러지면 괜찮지만 뒤로 넘어지면 젊은 사람보다 순발력이 떨어지기에 잘못 넘어지면 뇌진탕에 걸리기 쉽다. 겨울은 노인들에게 있어서 크나큰 비상이다.

하지만 겨울이 오기만을 학수고대하면서 기다리는 사람들이 있지 않는가. 그것은 바로 스키장이 아닐까. 이제 곧 머지않아 저녁으로 인공 눈을 만들어 스키맨들을 기다릴 것이다. 가만히 생각해 보면 사계절마다 그 계절 계절에 따라 살아가는 사람들이 많다. 조물주가 각자가 다 살아가게 만들어 놓은 것 같다.

겨울은 낮은 짧고 밤은 길고 기나긴 겨울을 어찌 보내야 할지가 벌써부터 걱정이 된다. 겨울은 아무런 향기가 나지 않는 무향의 계절인데 가을은 왜 간다는 말도 없이 저만큼 가버리고 추운 겨울을 데려다 놓았을까. 겨울이 빨리 가고 벌써부터 까마득한 봄이 기다려진다.

내 이름을 찾아줘

세월이 한 해, 두 해 흐르다 보니 어느덧 여기까지 와 버렸는지. 여기까지 오는 동안 내 이름 석 자는 어디로 가버렸는지 찾을 수가 없구나. 젊은 시절에는 여기저기서 내 이름을 불러 주더니 결혼과 동시에 내 이름은 나도 모르게 잊어버린 지 오래다. 내 나이 중년을 지나 어느덧 70이 되어보니 내 이름을 누가 불러 준 적이 없다. 어느 누군가가 내 이름을 찾아줘요. 이대로 영영 내 이름은 어디론가 꼭꼭 숨어버릴 것인가.

이제는 어느 누가 내 이름을 찾아 줄까. 소년 시절에는 여기저기서 쉴 새 없이 불러 주더니 어느 순간부터 나도 모르게 아주 자연스럽게 누구 아빠로 불리어 온 것 같다. 사람이 세상을 살아가면서 이것이 자연의 순리가 아닐까 생각을 해보게 된다.

사람이란 누구나 태어나 엄마의 젖가슴에 얼굴을 묻고 그러다 초중고, 대학, 대학원을 나와 그 세월이 자신도 모르게 구름처럼 바람결에 흘러가 버린다. 나 역시 그러한 세월을 지나왔지만 언제 여기까지 와 버렸는지 모를 만큼 순간처럼 스쳐 지나가 버렸다.

세월처럼 빠르고 무서운 게 없는 것 같다. 모두가 생각해 보라. 젊은 사람들은 우리 같은 세월을 지나 보지 않아서 모르겠지만 우리 같은 연령층은 지난날들을 생각해 보면 무릎을 탁 치며 '맞아 세월처럼 무서운 게 없어'라고 할 것이다.

이 모든 세월이 내 이름을 어디에다 감추었을 것이다. 내 이름은 영영 찾지 못할 것인가. 지금이라도 잠시 소년 시절로 뒤돌아갈 수는 없을까. 그러면 내 이름 석 자를 다시 찾을 것 같은데….

세월 따라 구름에 실려 바람결에 여기까지 와 버렸는지 나 자신도 도저히 이해가 가질 않는다. 모든 시절이 한 달, 한 달 잠깐씩만 머물다 지나가는 것만 같다. 인생길을 걷다 보니 70이라는 숫자가 내 앞에 언제 왔는지 와 있다. 내 이름은 어디서 찾을까 '누가 내 이름 좀 찾아줘요' 단 한 번만이라도 내 이름을 꼭 찾고 싶어요.

나는 어른이 되었을까

펜을 들고 글을 쓰려니 내 자신이 부끄러울 뿐이다. 사람들은 서로가 언성을 높일 때면 아이고 당신이 그러고도 어른인가 소리 들을 자주 한다. '나도 어른이 되었을까'라는 생각을 깊이 해 보았다. 만약 어른이 되었다면 언제 어느 때 되었을까? 어른이란 단어를 생각해 보니 한편으로는 부끄럽기도 하고 다른 한편으로는 그 먼 훗날 그때가 아니었을까 되새겨 본다.

어린 두 아이를 자전거에 태워 내려놓고, 아내를 저

멀리 태워 내려놓고 또다시 아이들을 태우러 가고 그렇게 작업장까지 오고 가고를 매일같이 약 일 년 넘게 그리했었다. 지금 와서 그때가 어른이 되지 않았을까라고 생각이 든다. 집안의 가장으로서 내 본분을 다하기 위해 열심히 자전거 페달을 밟으며 가정을 위해, 아이들을 위해 노력했던 것 같다. 결혼을 해 아이들이 있다고 해서 모두가 어른이 아니다. 어른이 어른답게 행동을 해야 어른이다.

나는 두 아이를 위해서 아내를 위해서 좌도 우도 보지 않고 앞만 보고 열심히 노력하다 보니 새 아파트도 사게 되었다. 아이들은 자기만의 공부방이 생겼다고 이 방 저 방으로 뛰어다닐 때 내 마음은 정말 뿌듯했다. 이제 와 생각해 보니 그때가 아니었나 생각이 든다. 어른이 되기란 쉬운 게 아니라 참으로 어려운 일이구나 하는 생각이 든다. 그러한 생각 없이 지금까지 살아왔으나 한 번쯤은 자기 자신에게 물어보는 것도 참으로 좋을 것 같다.

이렇게 글을 쓰면서 그 옛날 것부터 생각을 해보니 좀 더 자신에게 성숙함을 느낀 것 같다. 우리의 인생은 강물이 흐르듯이 흘러야만 더욱더 성숙해지지 않을까. 사람들은 과연 이런 생각을 몇이나 할까. 흔히들 하는 말들이 있지 않은가. 시집 장가가면 이제 어른이 되었다고 물론 그때부터는 어른이 맞기는 맞다. 하지만 자신이 진정한 어른이 되었다고 느껴 쓸 때가 언제쯤이었느냐는 말이다.

이 모두가 어찌 생각하면 수월하고 어찌 생각해 보면 참으로 어려울 것이다. 나도 이제 와 깊이 생각을 해보니 그때가 진정한 가장으로, 아이들의 아버지로, 남편으로 어른이 된 것 같다. 진정한 어른이.

겨울 준비

예전이나 현재나 시골에는 늦가을이면 겨울 준비에 들어가지 않을까. 예전에는 늦가을이면 보리갈이, 새 지붕 모두가 끝이 나면 집 안에 모든 창문을 떼어 헌 창호지들 떼어내고 물청소를 깨끗이 끝낸 다음 따스한 햇살에 말려 새 창호지를 바른다.

문고리 옆에는 대나무 잎이나 단풍잎, 쑥을 옆에 아름답게 모아 두고 그 위에 창호지를 덧대어 바른다. 그렇게 햇볕에 말려 제자리에 매달아 놓는다. 언제나 문고리 옆에는 아름다운 그림처럼 보였다.

창문마다 새 창호지를 바르고 행여 겨울바람이나 들어올세라 문풍지를 붙여놓는다. 겨울바람이 조금이라도 들어오면 왜 그다지 차가운지 잠이 오질 않는다. 옛사람들은 어찌 그리 지혜가 많았을까. 새 창호지를 바르고 나면 방이 훤하다. 아니 속마음까지도 밝아진 것 같았다. 모든 겨울 준비가 끝이 나면 겨울 땔감을 하러 가거나 곡식을 말리는 덕석을 사랑방에서 만든다. 그러고 보면 농촌에는 쉬는 날이 없다.

도시 사람들은 겨울이면 농촌 사람들이 겨우내 편하게 쉴 거라고 생각할지 모르지만 겨울 동안에 다음 해에 필요한 모든 것을 준비해 둔다. 하지만 시골에는 예전처럼 창호지를 새로 바르지 않는다. 지금은 모든 집을 현대식으로 지어 창호지를 바른 창문이 없다. 심지어 지붕 개량부터 집 구조도 아름다운 주방 가구 식탁도 도시 못지않게 잘 꾸며놓고 살아간다. 젊은 시절 이맘때가 되면 양철 도시락을 싸서 먼 산으로 가 나무를 하거나 먼 산으로 가기 싫으면 언제나 함께한 친구들과 괭이 하나만 지게에 짊어지고 뒷산으로 갔다.

산주가 볼세라 재빨리 큰 소나무 한 그루를 넘어뜨려 재빨리 바지게에 담는다. 그러고 나서 누가 볼세라 낫으로 마른 나뭇잎을 베어 소나무를 보이지 않게 덮어 집으로 온다. 그것도 하루 이틀도 아니고 겨우내 그러했으니 지금 생각하면 참으로 겁 없는 짓을 많이도 했었다.

만약 산주가 친구들 집과 우리집에 그 많은 소나무를 보았다면 뭐라고 했을까. 그러기에 열 명의 사람이 도둑 한 사람을 잡지 못한다 했나 보다. 겨울 땔감을 준비하려면 어쩔 수가 없었던 시절이었다.

휴대폰

요즘은 세월이 하루가 다르게 변해간다. 70~80년 그 시절에는 부모, 형제, 친인척 친구에게 편지를 썼는데, 요즘은 휴대폰이 생겨 바로바로 소식을 주고받고 영상 통화까지 한다. 나도 한 달에 우편물을 몇 통씩 받아보지만 우표를 볼 수가 없다. 우표가 붙어 있어야 할 자리에 요금별납이라고 도장만 찍혀 있다. 요즘은 어떤 모양의 우표가 나올까 무척 궁금하다.

아침에 눈을 뜨면 제일 먼저 휴대폰부터 집어 들고

지인에게나 친구에게 좋은 글이나 아니면 좋은 동영상이 오지 않았나 싶어 열어 본다. 참 좋은 글이 실려 있을 땐 무척이나 기분도 좋지만 나 같은 경우는 곧바로 글의 영감이 떠오른다. 그러면 글을 쓸 제목을 적어놓는다.

글 한 편, 한 편 제목을 적을 때마다 내 마음은 설레면서 그 때부터 글을 써 내려가 한 편의 글을 저장해 둔다. 그렇게 글을 쓸 때마다 내 마음은 뿌듯하면서 뭐라 할까, 마음속에 부자가 된 기분이라 할까. 아마도 글을 쓰는 사람은 뭐니 뭐니 해도 글 쓸 때가 제일 행복할 것이다.

지인이나 좋은 친구가 없었다면 이러한 좋은 글을 어찌 볼 수가 있을까, 하는 생각이 든다. 인생을 살아가면서 이런 사람들을 만나지 못했다면 무슨 의미가 있을까. 하루하루 아무런 생각도 의미도 없이 살아간다면 인생의 의미를 모르고 살아갈 것이다.

요즘처럼 코로나로 인하여 어느 누구와도 대화하기가 무척 어렵다. 하지만 폰으로 통화를 한다면 마스크를 쓰지 않아도 마음껏 이야기를 나눌 수가 있고 얼마나 편리한 세상인가. 휴대폰이 없다면 직장에서 돌아와 부모님께나 친구에게 전화를 해야지 해도 몸을 씻고 저녁을 먹고 나면 전화하는 것은 잊어먹고 만다.

하지만 휴대폰이 있기에 시골에 계신 부모님께 시간 날 때마다 전화를 할 수가 있고 아무리 멀리 있는 친구라도 좋은 글, 좋은 영상을 주고받으면서 우정은 더욱 돈독해진다. 휴대폰이 있기에.

노년의 삶

우리 인생은 빈손으로 왔다가 빈손으로 가는 인생인데 즐기면서, 살다가 웃으면서 만나고 웃으면서 헤어지고 또다시 만나기를 반복하면서 노년의 세월을 즐겁게 보내는 것이다. 노년에 큰 소원이 있다면 주위의 친구가 아닐까. 만약 친구도 없이 혼자가 된다면 그 얼마나 쓸쓸하고 더 외로울까.

우리의 인생 여행 중에 언젠가는 혼자가 될 때 가장 곁에 두고 싶은 친구가 아닐까? 노년의 친구가 많다는 것은 이보다 더 큰 행복이 아닐 수 없다. 좋은 친구들과 함께라면 즐겁게 갈 수 있을 것 같다.

이제 머지않아 이별이 가까워지는 노년까지 나도 모르게 여기까지 와 버렸네. 나도 가고, 너도 가고 친구들 한 사람 한 사람 떠나다 보면 어느 친구는 마지막 혼자서 먼 길을 떠날 것이다. 하지만 먼 곳으로 갈 길은 아직 조금 남아 있으니 좋은 친구들과 날마다 웃으면서 마음껏 즐기는 것이다.

우리네 인생은 빈손으로 왔다가 빈손으로 가는 인생인 걸 왜 이리 돈, 돈 하면서 바둥거리고 살았는지 지금 생각해 보면 헛웃음만 난다. 우리네 인생은 길다면 길고 짧다면 짧은 인생인데 이래도 한세상 저래도 한세상 아무리 돈 많은 회장이라도 그 많은 돈을 가지고 가지는 못한다. 그 사람도 우리와 똑같이 빈손으로 가는 인생이다. 그러기에 인생은 누구나 똑같은 인생이다.

앞으로 노인 인구는 더 늘어날 것이다. 하지만 인생을 잘 살았나, 못 살았나를 볼 때면 그 사람의 주변을 보면 알 수가 있다. '여보게 친구 이제는 자주 만나야 하지 않을까.' 옛이야기 주고받으면서 탁자에 빙 둘러앉아 컬컬한 막걸리 한 사발씩 들이

켜면서, 서로가 건강을 위해 기도하면서 노년을 즐겁게 보내 보세나. 이제 우리가 헤어질 날도 머지않은 것 같구려. 노년의 행복이란 아무것도 필요치 않네. 딱 한 가지 소원이 있다면 친구가 아닐까. 노년에 친구가 없다면 그 무슨 재미가 있겠는가. 여보게 친구 크게 한번 웃어보세 내 오랜 친구여.

난 어디쯤 왔을까

인생을 살다 보면 사계절을 마주한다. 추운 겨울이 지나고 따스한 봄이 찾아온다. 봄에 꽃이 피고 지고 그러다 보면 여름에 채송화, 봉숭아, 무궁화 꽃이 피고 지고 해바라기 꽃이 핀다. 단단한 씨앗이 꽉 차면 가을 고추잠자리가 이리저리 날아다니는 걸 보면 가을이 찾아온 것이다. 우리가 한 계절, 한 계절 보낼 때마다 마냥 즐거워만 할 것은 아니다. 한 계절이 지날 때면 우리의 몸도 마음도 익어가는 것이다. 사계절처럼 변해가듯이 우리 몸도 한 계절 지날 때마다 벼들이 익어갈 때면 고개를 서서히 숙이듯이 몸도, 마음도 익어간다는 걸 알아야 할 것이다.

우리는 한 해를 보내고 나서 거울을 볼 때면 아이고 작년 한 해에 내 모습이 많이 변해 버렸네 하지 말고 한 계절을 맞이할 때마다 자신의 얼굴을 사진으로 담아보면 그 계절이 지날 때마다 자신의 몸과 마음까지도 변해갈 것이다. 평상시에는 거울 앞에서도 그저 옷매무새나 보지 자신의 얼굴은 변해 가는지 안 변해 가는지 관심을 갖지 않는다. 연말이 되면 그제야 확 변해 버린 자신의 모습을 보고서 놀라움을 금치 못한다. 한 계절 한 계절 지나갈 때마다 참으로 잘도 흘러간다고들 하지만 세월 흘러가는 것은 알면서 자신의 몸은 익어가는 줄을 모른다.

그리고 몇 년을 보내고 나면 내 얼굴이 왜 이렇게 변해 버렸지 하면서 긴 한숨을 내쉬며 이제 나도 어쩔 수 없이 늙어가는구나 하며 근심 걱정을 한다. 누구나 자신은 생각지 않고 그저 계절만 생각을 한다. 내 모습도 젊은 시절에는 키 크고 한 인물 한다는 소리를 들었는데 역시 긴 한숨뿐이다. 지금 내가 알지 못한 목표지점까지 얼마나 남았을까. 지금 나는 어디쯤 걸어가고 있을까 어느 누구도 심지어 걸어가는 나 자신도 어디쯤 왔는지 모른다. 내가 모르는 그곳까지 얼마나 더 걸어가야 할지 아니면 얼마나 다 왔는지 인생살이란 어느 누구도 심지어 자신조차도 감을 잡을 수 없는 것이 우리의 인생길이 아닐까.

그저 그 목표지점까지 뚜벅뚜벅 걸으면서 내 할 일을 모두 해 가면서 걸어갈 뿐이다. 언제쯤 그 지점에 다다를지 지금 나는 하염없이 걷고 있지만 '난 어디쯤 왔을까' 내 인생아! 참으로 고맙다. 이 먼 곳까지 함께 오면서 고생 많았다. 정말 수고했다. 너무나 감사하고 마지막 남은 날까지 함께 해 다오. 그 지점까지 이렇게 건강한 모습으로

죽음 앞에서도

2022년 어느 4월 아무런 연고도 없이 홀로 살아가는 노인은 생일 마감했다. 이 노인은 죽음을 앞에 두고도 돈을 쓰거나 기부하지 않고 그저 돈이 모이는 족족 은행에 예금할 줄도 모르고 5만 원 정도 모이면 5만 원 권으로 바꿔 차곡차곡 모은 돈이 자그마치 4억이라는 돈을 까만 비닐봉지에 쌓아서 꽁꽁 묶어 놓았다.

노인이 죽고 나자 구청에서 폐기물 처리 업체에 맡

겨, 모든 집 기구를 깔끔히 정리해 소각장으로 보내버렸다. 소각장 처리를 담당하는 직원은 폐기물을 집어넣다가 까만 봉지를 발견하고 그 봉지를 풀어보니 5만 원권으로 무려 4억이나 되는 돈이 있었다. 이 사람은 너무 놀라 폐기물을 싣고 온 업체를 찾아 어디에서 그 폐기물을 실어 왔는지 알아보니 아무런 연고가 없어 구청에서 우리에게 용역을 주어서 처리했다고 하여 경찰서에 신고를 했다.

그리고 그 돈은 먼저 발견하는 사람이 가져도 된다고 했단다. 이 사람은 하루아침에 갑자기 4억이라는 돈벼락을 맞은 것이다. 전국적으로 소각장에 들어오는 돈이 일 년에 무려 900억 정도가 된다고 하니 이 노인처럼 꽉 움켜만 쥐고 쓸 줄은 모르니 이런 사람들을 보고하는 말이 태어날 때 빈손으로 태어나 빈손으로 간다는 말이 여기서 쓰인 말이 아닐까.

돈, 돈 하다가 막상 자신이 죽고 나면 무슨 소용인가. 우리가 인생을 살면서 돈, 돈 하는 것은 가정을 이끌어 나가면서 자식들을 가르치기 위해서 발버둥을 치는 것이다. 물론 빌라 천 채 이상을 가지고 서민들을 이용하여 사기극을 벌이다 결국 구속이 되었다.

아무리 돈이 좋다지만 서민을 상대로 사기를 치다니 참으로 속이 상한다.

자신이 죽으면 앞선 노인처럼 빈손으로 가는 것이다. 아무리 돈 많은 사람도 아주 가난한 사람도 죽음 앞에서는 아무런 소용이 없다. 우리는 빈손으로 태어나 빈손으로 가는 인생이다. 인생을 살아가면서 너무 돈, 돈 하지를 마라. 나도 돈, 돈 하며 앞만 보고 살면서 하루아침에 모든 걸 잃고 나니 남는 것은 후회뿐이더라.

나무도 잠을 잔다

봄이 되면 가지마다 새싹을 틔우기 시작해 여름이면 완연한 숲을 이룬다. 숲이 우거지면 날아가던 새도 좋은 자리를 찾아 둥지를 틀고 매미도 그곳에서 한철을 보낸다. 나무는 우리에게 산소 공급을 해주지 않는가. 나무도 우리와 같이 숨을 쉬면서 맑고 시원한 나무들이 무성하기에 우리는 질병에 걸리지 않고 아름다운 자연 속에서 살아간다. 이런 자연을 한 사람의 실수로 많은 숲을 태워버리고 그 숲을 다시 복구하는 데는

30~40년이 걸린다.

사람들은 쉽게 나무만 심으면 된다고들 생각하지만 화재가 난 그 땅에는 이루 말할 수 없는 미생물과 곤충, 동식물들이 죽는다는 것을 알아야 한다. 그러한 미생물, 곤충, 동식물을 다시 살리려면 많은 시간이 걸린다. 그런데 산이 좋아 산을 찾는 사람들이 무심코 버린 담뱃불로 인하여 막대한 산을 태워버리니 아마 최근 몇 년 동안 산불이 많이 발생하지 않았나 하는 생각이다.

불이 난 산을 바라보면 그저 속도 상하지만 안타까울 뿐이다. 많은 소나무가 불길에 그을려 소나무 잎은 벌겋게 말라 있고, 나무도 시커멓게 그을려 온통 산 전체가 까맣고 그 많은 나무를 베어내고 새로운 나무를 심어야 하니 나라의 세금은 생각지도 않은 곳에 쓰인다.

지금은 전국 어느 곳이나 울긋불긋 단풍이 들어 마음을 설레게 한다. 어떤 나무는 벌써 잎이 다 떨어져 앙상한 가지만 드러내놓고 있다. 나무들도 겨울잠을 자기 위해 성장을 멈추고 동절기에 들어가려고 나뭇잎은 울긋불긋 단풍잎으로 변한다. 많은 사람은 그저 겨울이 다가오니 단풍잎으로 변하겠지 하고 생각들을 한다. 나무도 동절기가 되면 잠을 잔다는 걸 알아야 한다.

겨울잠을 다 자고 나면 봄이 되면 새싹이 돋아나고 또다시 숲을 이루면서 사람에게 많은 산소를 만들어 제공해 준다. 나무도 잠을 자는 것은 다음 해에 잎을 피우기 위해 영양보충을 충분히 하고, 겨울 동안 잠시 휴식을 취하면서 잠을 잔다. 사람들은 누구나 추워서 잎을 피우지 못한다고들 생각하지만, 사시사철 잎을 피운 나무도 성장을 멈추고 잠을 잔다.

풋감

봄이 되자, 나무와 풀들은 새싹을 틔우더니 얼마 지나지 않아 꽃을 피워 벌들은 꿀을 모으기 위해 분주하다. 감꽃도 먹는 것이 있고 못 먹는 게 있다. 먹는 감꽃은 탱자만 하다. 그 꽃은 달콤하니 맛이 참 좋다.

어릴 적 어머님께서 아침밥을 지으려고 일어나시면 나도 일어나 집으로 들어오는 사립문 밖 입구에 아주 떫은 감나무 한 그루가 있는데 해마다 많은 꽃을 피웠다. 나는 박 바가지 하나를 들고 떨어진 꽃을 주웠다.

그러다 보면 동네 친구들이 하나둘씩 감꽃을 주우러 왔다.

박 바가지에 가득 감꽃을 주워 오면 동생들은 하루 종일 심심할 때마다 하나씩 먹는다. 우리집에도 납작 감나무 한 그루가 있지만 그 꽃은 떫어서 먹지 못했다. 칠팔월이 되면 언제나 태풍이 온다. 그러면 풋감이 많이 떨어진다. 어릴 적에는 먹을 게 없어 풋감이 아주 떫은 데도 그걸 먹는다. 아무리 꼭꼭 씹어도 삼키면 목에 걸려 잘 내려가질 않는다.

그럴 때면 주먹으로 가슴을 쳐서 숨통을 틔었다. 집에서 먹을 때는 된장에 다 찍어 먹으면 목에 얹히지도 않고 잘 넘어간다. 떨어진 감을 항아리에 담아놓고 물을 부어 약 오 일 정도 지나면 떫지도 않고 참으로 맛이 좋다. 지금 생각해 보면 그 맛이 좋아 봐야 얼마나 맛이 있었을까 싶지만, 그때에는 먹을 게 없기에 아마도 맛있다고 느꼈을 것이다.

태풍이 불면 어른들은 지붕에 영 엮어 놓은 게 들썩들썩거리면 모두가 벗겨져 날아갈까 봐 새끼줄로 이리저리 엮었다. 철없는 우리는 부감이 많은 집으로 가 양동이에다 풋감을 주워 담는다. 우리는 감이 어느 정도 커지면 태풍이 오길 기다렸다.

그 감을 줍기 위해서 그러니 철없는 아이였나 보다. 어른들은 태풍이 오면 벼들은 쓰러져 걱정들 하시는데 우리는 그 풋감을 줍기 위해 태풍이 불어 주기를 기다렸으니 얼마나 철없는 아이들이었는가. 지금 생각해 보면 혼자서 헛웃음만 짓는다.

함께 가는 길

올해는 더위가 한 달이 빠르다 하더니 유월 중순인데도 30도를 오르락내리락한다. 밖에 나가면 유월의 햇살이 너무나 뜨겁다. 그러다 보니 남해안 진동만에는 청수가 생겨나고 있다. 청수가 생기면 산소량이 없어 바다의 고기, 조개 생태계가 망가지고 만다.

올봄은 비가 많이 내리지 않아 청수가 예전보다 두 달 정도 앞서 생겨나고 있다. 모든 곡식은 비가 부족해 말라가고 있다. 다음 주부터는 장마가 찾아온다는

데 올해는 얼마나 많은 비가 내려 어떤 피해를 얼마만큼 줄였는지 참으로 걱정이 앞선다.

올해도 벌써 절반을 남겨 놓고 있다. 정말 세월은 왜 이리 잘도 흘러갈까. 빨라도 너무 빠르다. 그러고 보니 아내와 만난 지도 46년이 되었다. 언제 어느 세월 속에 묻혀 여기까지 와 버렸을까. 우리 부부는 그저 일만 하느라고 46년 동안 단둘이서 여행 한 번 가보지도 못했다. 자녀를 가르치고 결혼하면 시간이 나겠지 했지만, 노후를 생각해 일한다고 시간이 나질 않는다.

일에 쫓기다 보니 걱정거리가 생겼다. 나나, 아내나 치매만큼은 걸리지 말고 늙었으면 하는 소원이다. 아무리 소원이라도 뜻대로 안 되는 게 병이지만 어찌했던 소원을 기도해 본다. 하지만 요즘 아내가 정신을 깜빡깜빡한다. 물건을 사고도 현금을 줘야 하는데 뭘 줘야 할 줄을 모른다. 병원에 가서도 마찬가지 카드를 줘야 하나 통장을 줘야 하나, 무얼 줘야 하나 우두커니 서 있다.

몇 년 전부터 김해중앙병원에서 한 달에 한 번씩 약을 타 먹지만 요즘 들어서 더 심하다. 사람이 살아가면서 자신의 정신줄만큼은 놓지 말아야 하는데 내가 병원 갈 때면 항상 옆에 따라

다니지만, 내게는 큰 근심 걱정거리다. 나도 보이지 않아 지팡이에 의지해 살아가고 있는데 아내마저 만약 정신줄을 놓는다면 어찌해야 할지 아직 둘이서 여행도 가보지 못했는데, 아내 칠순 때 여행 한번 가려고 마음먹었는데 앞으로 사 년을 더 기다려야 하는데 제발 지금 이 상태에서 더 이상 진전되지 않기를 기도해 본다.

그동안 서로 만나 결혼해 자녀를 기르고, 가르치고, 시집, 장가보내고 이제는 손자 손녀들이 내년이면 대학을 간다. 우리 부부는 참으로 열심히 살아왔다. 넘어지면 일어서고 또 넘어지면 또다시 일어나 여기까지 걸어왔는데 남은 인생 끝까지 함께 가는 길을 걸어갔으면 좋으련만. 부디 꼭 정신 잃지 말고 함께하기를 기도해 본다.

지금 내가 가는 길

자고 나면 어제라는 날들은 온데간데없고 오늘이라는 아침이 와 있다. 세월은 참으로 흘러가는 강물과 같고 뒤돌아 생각해 보면 어제라는 날들이 아쉬움만 남고 앞을 보면 안타까움이 가득하다. 인생을 알만 하면 내 몸과 마음은 허전함과 주름살만 늘어간다. 참으로 세월은 느리게 흘러가는 것 같지만 생각해 보면 세월처럼 빠르게 흘러가는 게 없다.

이제는 완연한 가을 풍성한 들녘을 바라보고 있노라

면 옛 추억이 떠오른다. 그리고 보면 사람 일이란 알 수가 없다. 나는 평생 농사를 지으며 한우를 기르면서 평생을 농촌에서 살아갈 것이라고 생각했는데 이렇게 앞을 보지도 못하고 남의 도움을 받아 가며 산다. 또한, 수필가로 글을 쓸 거라고는 전혀 생각도 해보지 않았는데 이렇게 글을 쓰다니 미약하지만 벌써 두 번째 수필집을 내고 지금은 조심히 세 번째 수필집을 준비 중이다. 이번 수필집만큼은 내 마음에 든 수필집이 나와야 할 텐데 글을 쓴 지금의 심정은 너무나도 조심스럽다.

사람들은 앞을 보지 못하는 장애인들은 안마가 아니면 아무것도 할 수 없다고 생각하지만 조금 느리다뿐이지. 회사 일, 사무일, 농사일 또한 나처럼 글을 쓰는 일 등, 알고 보니 시각장애인들이 할 수 있는 일이 많다는 것을 알게 되었다.

이제 세 번째 책을 펴내면서 많은 것을 생각하고 많은 것을 배우고 있다. 수필을 한 편, 한 편 쓸 때마다 앞에 썼던 글을 생각하면서 매우 조심스럽고 흥미롭게 쓰려고 한다. 이제 작가의 길로 들어섰으니 유명 작가는 못 되더라도 내 이름 석 자를 말하면 '아~ 그 시각장애 작가님'이라고 할 정도로 많은 사람들이 알아주지 않아도 내 글을 읽어 준다면 고마움을 잊지 않고 생각하는 글을 쓰리라.

이 가을처럼 넉넉한 글 이제는 모든 걸 비우고 글에만 매진하려고 한다. 이제는 가을이다. 글쓰기도 딱 좋은 계절, 올여름 글을 한 편 쓰려고 엎드리면 온몸이 땀에 젖어 끈적거리며 글이 막혀 버려 약 3개월 동안 쓰지 못했다. 심지어 열여섯 편 정도 써놓은 글조차 수정을 미루어 왔다. 수정을 마친 지도 일주일이 넘은 것 같다. 이제는 모든 열정을 다해 이 길을 가리라.

훌쩍 떠나고 싶은 가을 여행

들녘에서는 벼를 베는 콤바인 소리, 집 마당에서는 획 탁, 획 탁 도리깨로 타작 소리, 밭에서는 아낙네들이 고구마를 캐느라 가을걷이가 여기저기서 한참이다. 담장과 밭두렁에는 누런 호박이 익어가고 산을 쳐다보면 나무가 가지마다 빨강, 노랑, 항색으로 단풍이 물들기 시작했다.

이러한 걸 볼 때면 내 고향에서 농사짓던 생각이 떠오른다. 예전 내가 농사를 지을 때는 콤바인이 아닌

남녀 모두가 품앗이로 일일이 낫으로 벼를 베고 벼가 마르면 짚으로 한 단 한 단씩 묶어 열 묶음씩 세워 논두렁에 재워 놨다. 여럿이 남자들이 지게로 져다 날랐는데 지금은 모든 것이 편리하다. 논에 농약을 해주고, 드론으로 농협에서 쳐주지 예전에는 그 많은 논을 일일이 새벽부터 분무기로 쳐야 했는데 지금 농사 짓는 걸 보면 무척 부럽다. 이제 다음 주면 들녘에도 빈 논두렁만이 있지 않을까.

가을 하면 빼놓을 수 없는 것이 가을 단풍 여행이 아닐까. 언제나 이때가 되면 훌쩍 떠나고 싶은 가을여행. 이제는 나 혼자가 아닌 누군가와 함께 여행을 즐기고 싶다. 이제는 빨리 걸을 수도 없고 둘이서 가을 단풍 이야기를 하면서, 이 가을을 더 깊게 생각하면서, 마음껏 즐기고 싶다. 내 마음 오늘도 훌쩍 가을 여행을 떠나고 싶은데 그저 내 생각뿐이다. 여행을 하다 보면 왜 그리도 하루해가 짧기만 하는지 하긴 요즘 가을은 오후 5시가 조금 넘으면 태양은 서산으로 넘어간다.

이 가을에 서산에 태양이 기울면 그 노을은 어느 것과도 비교할 수 없을 만큼 아름답다. 특히 서해 쪽은 바다가 있어 그 노을이 바다에 비치면 뭐라고 할 말을 잊는다. 가을여행을 하면서 그동안에 직장에서나, 사업을 하면서 받은 스트레스를 여행길에 모두 떠나보내고 다가오는 새해를 꿈꾸면서 아름다운 여행을 즐기는 것도 자신에게 충전을 시키는 것이다.

언제나 이때가 되면 배낭을 짊어지고 봄, 가을로 꼭꼭 여행을 했었는데 훌쩍 떠나고 싶은 가을 여행 이러한 마음은 나만 그러지는 않을 것이다. 누구나 마음만은 같지 않을까. 하지만 이제는 마음으로만 여행을 떠나는 사람이 되어 버렸으니 내 마음속에서만 아름다운 단풍잎이 지고 가을여행을 누군가와 떠난다.

노년의 세월

이 지구는 언제나 변함없이 쉬지 않고 돌고 돌아간다. 그와 마찬가지로 우리의 인생도 변해간다. 소년 시절에는 느껴보지 못했던 생각들이 노년이 되면서 모든 게 생각이 떠오르고 미련도 후회도 끝없이 생각이 난다. 세월은 나를 기다려주지 않는다. 소년 시절에는 모든 것을 자신이 노력만 하면 다 가질 것이라고 생각을 하지만 사람이 살다 보면 몸과 마음이 따라주지 않아 우리의 인생들이 자신의 뜻대로 되질 않는다. 그렇게 인생길을 걷다 보면 어느덧 자신도 모르게 노년이란 길목 앞에 서 있다.

그제야 자신을 알고 정신을 차려 봐도 때는 이미 늦어 버린 인생이다. 그제야 이 노년의 세월을 무엇을 하며 지내야 하나 생각을 해보지만 자신의 마음대로 되질 않는다.

첫째 몸이 따라주질 않는 걸 어찌하란 말인가. 그것이 바로 노년까지 이미 와 있다는 것이다. 마음은 아직 젊은 사람들 못지 않다고 생각하면 큰 오산이다. 어찌 몸이 젊은 사람들을 따라갈 수가 있겠는가. 그것은 자신의 생각뿐이다. 언제 이렇게 노년의 길까지 와 버렸나 생각하고 그냥 노년의 길을 걸어야 하지 않을까.

우리가 살다 보면 아주 고집이 심한 사람을 볼 때가 있다. 그 사람이 고집을 피울 때면 왜 저렇게 고집을 피울까. 절대로 안 될 일을 해보지만 결국 자신의 뜻대로 하질 못한다. 그것이 그 사람의 고집이 아닐까. 우리의 노년은 눈으로 봐서 안 될 것은 일찍 포기할 줄 알아야 할 것이다. 늙어 고집을 피워봐야 젊은 사람들에게 빈축만 사지 않을까. 세월 젊다고 무시들 하지 마라,

세월은 잠깐 사이에 노년을 만들어 놓는다. 그렇다고 세월을 원망하지도 마라. 아무런 시비도 태클도 걸지 않는 세월에게 시비를 걸어봐야 아무런 대꾸도 없이 묵묵히 흘러만 갈 것이다.

글을 쓰는 내가 세월아 왜 너는 아무런 말도 없이 나를 여기 데려왔느냐고 혼잣말로 원망 아닌 원망을 수도 없이 해본 적이 있다. 하지만 무정한 세월은 그 생각 중에도 흘러만 가더라. 생각해 보면 세월이 나에게 많은 기회를 주었지만 내가 실천을 못했을 뿐이다. 그러기에 나는 이 세월에게 감사하기도 하고 그동안 많은 성공과 실패와 내게 많은 것을 주었다. 세월아! 고맙고, 미안하고, 여러모로 감사히 생각을 한다. 나를 노년의 세월이 되도록 여기까지 데리고 오느라.

지금 내가 가는 길

2023년 8월 10일 초판 인쇄
2023년 8월 15일 초판 발행

지은이 / 장용식

발행인 / 강병욱
발행처 / 도서출판 교음사

03147 서울 종로구 삼일대로 457 수운회관 1308호
Tel (02) 737-7081, 739-7879(Fax)
e-mail : gyoeum@daum.net
등록 / 제2007-000052호

* 잘못된 책은 바꿔 드립니다. 값 12,000원

ISBN 978-89-7814-933-4 (03810)

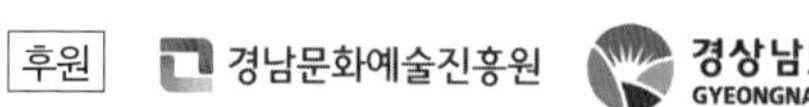

- 이 도서는 경남문화예술진흥원으로부터 기금 일부를 지원받아 제작되었습니다.

수필문학사 수필선집

도서출판 교음사 발행

번호	제목	저자	판형	값
462	집 잘 짓는 여자	김춘자 수필집	신국판	값 13,000원
463	행복한 그림	안정현 수필집	신국판	값 12,000원
464	못 말리는 가족	안경환 수필집	신국판	값 12,000원
465	잃어버린 우산	이농무 수필집	신국판	값 12,000원
466	이카루스의 날개	진영하 수필집	신국판	값 12,000원
467	기다리고 있었나	오경자 수필집	신국판	값 12,000원
468	돌아서던 날	임정순 수필집	신국판	값 12,000원
469	오른쪽 손가락의 기억	유경희 수필집	신국판	값 12,000원
470	류시의 녹색글방	김상분 수필집	신국판	값 12,000원
471	나만의 공간	이영승 수필집	신국판	값 12,000원
472	새벽의 숨결	장정희 수필집	신국판	값 12,000원
473	한 마리 사슴되어	김영의 수필집	신국판	값 12,000원
474	공지천의 봄	박종숙 수필집	신국판	값 12,000원
475	은퇴자의 변	김성배 수필집	신국판	값 10,000원
476	청석두리 이야기	한혜정 수필집	신국판	값 12,000원
477	좋다 말았네	이제홍 수필집	신국판	값 12,000원
479	나의 사과나무	최옥자 수필집	신국판	값 10,000원
480	화수목산인	안명영 수필집	신국판	값 15,000원
481	일상의 자유를 그리며	정경수 수필집	신국판	값 15,000원
482	보일 듯 말 듯	최중호 수필집	신국판	값 12,000원
483	지구의 뜰을 밟다	조형숙 수필집	신국판	값 15,000원
484	믿을 놈 한 놈도 없어	김정태 수필집	신국판	값 12,000원
486	묵은 땅을 갈면서	하재준 수필집	신국판	값 13,000원
487	인연, 그 소중한 만남	박건오 수필집	신국판	값 12,000원

(02) 737-7081(대표전화)
(02) 739-7879(팩스전용)

따스한 봄이 찾아왔다. 매화꽃은 절정을 이루고 향기는 봄바람을 타고 와 마음을 적셔준다. 봄처럼 아름다운 계절이 또 있을까.

(중략)

인생은 참으로 모를 일이다. 나는 아버지 소원대로 고향에서 농사와 소를 기르며 평생을 살아갈 줄 알았는데 이렇게 시력을 잃어버리고 수필 작가로 등단할 줄이야. 그러기에 인생에 앞날은 아무도 모른다고 했나 보다. 아직은 모든 게 미약하지만 조금씩 조금씩 발전해 나가지 않을까. -「본문」 중에서

03810

9 788978 149334

ISBN 978-89-7814-933-4

값 12,000원